Peter Stuhlmacher · Der Brief an Philemon

EKK
Evangelisch-Katholischer Kommentar
zum Neuen Testament

Begründet von
Eduard Schweizer und Rudolf Schnackenburg †

Herausgegeben von
Joachim Gnilka, Hans-Josef Klauck, Ulrich Luz und Jürgen Roloff

in Verbindung mit
Otto Böcher, François Bovon, Norbert Brox, Jörg Frey, Erich Gräßer,
Paul Hoffmann, Traugott Holtz, Martin Karrer, Karl-Wilhelm Niebuhr,
Rudolf Pesch, Wolfgang Schrage, Thomas Söding, Peter Stuhlmacher,
Wolfgang Trilling †, Anton Vögtle †, Samuel Vollenweider, Alfons
Weiser und Ulrich Wilckens

Band XVIII
Peter Stuhlmacher
Der Brief an Philemon

Benziger Verlag
Neukirchener Verlag

Peter Stuhlmacher

Der Brief an Philemon

4. Auflage 2004

Benziger Verlag
Neukirchener Verlag

© 1975 – 4. Auflage 2004
Patmos Verlag GmbH & Co. KG
Benziger Verlag, Düsseldorf und Zürich und
Neukirchener Verlag
Verlagsgesellschaft des Erziehungsvereins mbH, Neukirchen-Vluyn
Alle Rechte vorbehalten
Umschlaggestaltung: Atelier Blumenstein + Plancherel, Zürich
Gesamtherstellung: Breklumer Druckerei Manfred Siegel KG
Printed in Germany
ISBN 3–545–23101–1 (Benziger Verlag)
ISBN 3–7887–0455–1 (Neukirchener Verlag)

AMICIS

Vorwort

Der kleine Philemonkommentar, den ich hiermit vorlege, ist in doppelter Hinsicht ein Experiment. Da der Evangelisch-Katholische Kommentar zum Neuen Testament seine eigene Form erst noch suchen muß, handelt es sich bei meinem opusculum, mit dem die Kommentarreihe zu erscheinen beginnt, nur um einen ersten Versuch, diese Form zu finden. Ich bin unter diesen Umständen besonders dankbar dafür, daß ich einen Vorentwurf des Kommentars mit den Herausgebern und Mitarbeitern des EKK habe im Frühjahr durchsprechen können. Die dabei vorgetragenen Ratschläge und Kritiken habe ich ebenso zu beherzigen versucht, wie briefliche Stellungnahmen, die mir noch nach dieser Verlagstagung zugingen. Ich danke den Kollegen für ihre Anregungen und Hilfe.

Ein Experiment ist meine Auslegung aber auch insofern, als ich versuche, eine auslegungs- und wirkungsgeschichtlich reflektierte theologische Exegese vorzulegen. Mir ist deutlich, daß eine derartige Interpretation um so leichter zu leisten ist, je knapper und abgeschlossener der zu erklärende biblische Text ist. Der Philemonbrief ist eine kleine, in sich abgerundete Einheit, die für diese Art der Auslegung ideale Bedingungen bietet. Da sich aber gerade am Modellfall dieses kleinsten Paulusbriefes zeigen läßt, wie wichtig auslegungs- und wirkungsgeschichtliche Überlegungen für die theologische Exegese sind, hoffe ich, mit meiner Arbeit eine Anregung zu schaffen, auch größere biblische Bücher nicht einfach im thetischen Sprung von der historischen zur theologischen Interpretation zu exegesieren, sondern unter bewußter Reflexion auf die den Ausleger mit dem Text verbindende – und u. U. auch vom Text trennende – christliche Auslegungstradition.

Frau Erika Bartel hat mir die Hauptlast der Schreibarbeiten abgenommen. Meinen beiden Assistenten, Herrn Johannes Friedrich und Dr. Wolfgang Pöhlmann, danke ich für ihre treue Hilfe in allen Phasen der Arbeit, die zu dem vorliegenden Kommentar geführt haben. Solche Unterstützung ist heute nicht mehr selbstverständlich. Da in den kirchlichen und akademischen Umbruchszeiten, in denen wir stehen, theologische Arbeit nicht eben leicht von der Hand geht, danke ich all jenen, die mir Mut gemacht haben und von deren Wissen und Haltung ich lernen konnte. Ihnen, den Freunden, sei meine kleine Arbeit gewidmet.

Tübingen, den 20. Juli 1974   Peter Stuhlmacher

Vorwort zur 2. Auflage

Für die zweite Auflage ist die Literaturliste ergänzt und der Kommentar vor allem im Blick auf die einleuchtende These von *W.-H. Ollrog, Paulus und seine Mitarbeiter*, WMANT 50, 1979, 101–106, überarbeitet worden, Paulus erbitte die Wiederaufnahme und anschließende Freistellung des Onesimus als »Gemeindegesandten«. Diese Sicht erlaubt es, den kurzen Brief an das Missionskonzept des Paulus einzuzeichnen und die in ihm angeschnittene Sklavenfrage in diesem Horizont zu sehen.

Herrn Heinzpeter Hempelmann, MA, danke ich für seine Hilfe bei der Durchsicht und den Korrekturen.

Tübingen, den 15. Januar 1981   Peter Stuhlmacher

Die 3. Auflage stellt einen unveränderten Nachdruck der 2., durchgesehenen und verbesserten Auflage dar.

Benziger Verlag / Neukirchener Verlag

Inhalt

Literatur (und Abkürzungen)

I. Zur Auslegungsgeschichte (bis 1800)

Ambrosiastri qui dicitur commentarius in epistulas paulinas, ed. H. J. Vogels, CSEL 81,3, 1969.

Johannes Chrysostomos, In epistolam ad Philemonem commentarius, MPG 62, Sp. 701–720.

Hieronymus, Commentariorum in Epistolam ad Philemonem Liber Unus, MPL 26, Sp. 635–656.

Theodor von Mopsvestia, Theodori episcopi Mopsuesteni in epistolas B. Pauli, commentarii, ed. H. B. Swete, II, Cambridge 1882.

Catenae Graecorum Patrum in Novum Testamentum, ed. *J. A. Cramer*, VII, Oxford 1844.

Thomas von Aquin, Super Epistolas S. Pauli Lectura, Rom ⁸1953.

Erasmus, Opera omnia, VI, Leiden 1705 = Hildesheim 1962.

Luther, M., Vorlesung über die Briefe an (Titus und) Philemon (1527), WA 25, S. 69–78.

– Luthers Vorreden zur Bibel, hrsg. von H. Bornkamm, Furche-Bücherei 238, 1967.

Calvin, J., Johannes Calvins Auslegung der Heiligen Schrift, Neue Reihe, hrsg. von O. Weber, Bd. 17, 1963.

a Lapide, C., Commentaria in omnes Divi Pauli epistolas, Ultima Editio aucta et recognita, Antwerpen 1656.

Grotius, H., Annotationes in Novum Testamentum, hrsg. v. C. E. v. Windheim, II,1, 1756.

Bengel, J. A., Gnomon Novi Testamenti, ed. P. Steudel, ⁸1887.

II. Kommentare zum Philemonbrief (ab 1800)

Flatt, J. F. von, Vorlesungen über die Briefe Pauli an die Philipper, Kolosser, Thessalonicher und an Philemon, hrsg. v. C. F. Kling, 1829.

de Wette, W. M. L., Kurze Erklärung der Briefe an die Colosser, an Philemon, an die Ephesier und Philipper, ²1847.

Bleek, F., Vorlesungen über die Briefe an die Kolosser, den Philemon und die Ephesier, hrsg. v. F. Nitzsch, 1865.

Hofmann, J. C. K. von, Die heilige Schrift neuen Testaments zusammenhängend untersucht, IV,2: Die Briefe Pauli an die Kolosser und an Philemon, 1870.

Meyer, H. A. W., Kritisch exegetisches Handbuch über die Briefe Pauli an die Philipper, Kolosser und an Philemon, MeyerK 9, ⁴1874.

Lightfoot, J. B., Saint Paul's Epistles to the Colossians and to Philemon, (^{3}1879 =) London ^{14}1904 (abgek.: J. B. Lightfoot, Komm.).

Franke, A. H., Handbuch über die Briefe Pauli an die Philipper, Kolosser und Philemon, MeyerK 9, ^{5}1886.

Haupt, E., Die Gefangenschaftsbriefe, MeyerK 8 und 9, $^{6/7}$1897.

Vincent, M. R., A Critical and Exegetical Commentary on the Epistles to the Philippians and to Philemon, ICC 11, Edinburgh (1897=) ^{5}1955.

Ewald, P., Die Briefe des Paulus an die Epheser, Kolosser und Philemon, KNT 10, 1905.

Schlatter, A., Der Brief an Philemon, in: Erläuterungen zum Neuen Testament II, 1909, 861–866.

Lueken, W., Die Briefe an Philemon, an die Kolosser und an die Epheser, SNT 2, ^{3}1917, S. 355–383.

Billerbeck, P., (H. L. Strack –), Kommentar zum Neuen Testament aus Talmud und Midrasch, I – IV, (1922–1928) ^{4}1965 (abgek.: Billerbeck).

Eisentraut, E., Des hl. Apostels Paulus Brief an Philemon, 1928 (abgek.: E. Eisentraut, Philemon).

Lohmeyer, E., Die Briefe an die Kolosser und an Philemon, MeyerK 9,2, (^{8}1930/^{9}1953 =) ^{13}1964 (abgek.: E. Lohmeyer, Komm.).

Meinertz, M., Der Philemonbrief, in: M. Meinertz – F. Tillmann, Die Gefangenschaftsbriefe des hl. Paulus, Die Heilige Schrift des Neuen Testaments 7, ^{4}1931, 107–120 (abgek.: M. Meinertz, Komm.).

Dibelius, M. – Greeven, H., An die Kolosser, Epheser, an Philemon, HNT 12, ^{3}1953 (abgek.: H. Greeven, Komm.).

Moule, C. F. D., The Epistles of Paul the Apostle to the Colossians and to Philemon, The Cambridge Greek Testament Commentary, Cambridge 1957 (abgek.: C. D. F. Moule, Komm.).

Staab, K., Die Gefangenschaftsbriefe, in: ders., Paulusbriefe II, RNT 7, ^{5}1969, S. 67–200 (abgek.: K. Staab, RNT).

Carson, H. M., The Epistles of Paul to the Colossians and Philemon, The Tyndale New Testament Commentaries, London (1960 =) ^{5}1970.

Friedrich, G., Der Brief an Philemon, in: H. W. Beyer, P. Althaus, H. Conzelmann, G. Friedrich, A. Oepke, Die kleineren Briefe des Apostels Paulus, NTD 8, ^{10}1965, S. 188–196 (abgek.: G. Friedrich, NTD).

Thompson, G. H. P., The Letters of Paul to the Ephesians, to the Colossians and to Philemon, The Cambridge Bible Commentary on the New English Bible 9, Cambridge 1967.

Lohse, E., Die Briefe an die Kolosser und an Philemon, MeyerK 9,2, (1968) ^{2}1977 (abgek.: E. Lohse, Komm.). *Hier auch ausführliches Literaturverzeichnis.*

Bartling, V. A., Philemon, Concordia – Commentary, St. Louis, London 1970.

Ernst, J., Die Briefe an die Philipper, an Philemon, an die Kolosser, an die Epheser, RNT, 1974 (abgek.: J. Ernst, RNT).

III.   Sonstige Abhandlungen und Spezialliteratur

Amling, E., Eine Konjektur im Philemonbrief, ZNW 10, 1909, S. 261f.

Bartchy, S. S., μᾶλλον χρῆσαι: First Century Slavery and the Interpretation of 1 Corinthians 7: 21, published by Society of Biblical Literature for The Seminar on Paul, Dissertation Series 11, Missoula (Montana, USA) 1973 (abgek.: S. S. Bartchy, Diss.).

Bauer, W., Die Briefe des Ignatius von Antiochia und der Polykarpbrief, HNT ErgBd II, 1920.

– Griechisch-Deutsches Wörterbuch zu den Schriften des Neuen Testaments und der übrigen urchristlichen Literatur, ⁵1958 (= ⁷1971) (abgek.: W. Bauer, Wb⁵).

Baur, F. Chr., Paulus, der Apostel Jesu Christi, hrsg. von E. Zeller, ²1867 (abgek.: F. Chr. Baur, Paulus²).

Bellen, H., Studien zur Sklavenflucht im römischen Kaiserreich, Forschungen zur antiken Sklaverei 4, 1971 (abgek.: H. Bellen, Studien zur Sklavenflucht).

– μᾶλλον χρῆσαι (1 Cor 7,21) – Verzicht auf Freilassung als asketische Leistung? In: JAC 6, 1963, S. 177–180.

Bjerkelund, C. J., PARAKALO – Form, Funktion und Sinn der parakalo-Sätze in den paulinischen Briefen, Bibliotheca Theologica Norvegica I, Oslo 1967 (abgek.: C. J. Bjerkelund, PARAKALO).

Blaß, F. – Debrunner, A., Grammatik des neutestamentlichen Griechisch, bearbeitet von *F. Rehkopf*, ¹⁴1976 (abgek.: Blaß-Debrunner¹⁴).

Bömer, F., Untersuchungen über die Religion der Sklaven in Griechenland und Rom, Teil 1–4, 1958–1963 (abgek.: F. Bömer, Religion der Sklaven).

Bornkamm, G., Artikel: πρεσβεύω, ThW VI, S. 680–683.

– Paulus, Urban-Bücher 119, 1969 (abgek.: G. Bornkamm, Paulus).

Brockmeyer, N., Rezension von H. Bellen, Studien zur Sklavenflucht im römischen Kaiserreich, 1971, Gnomon 46, 1974, S. 182–187.

Bultmann, R., Artikel: γινώσκω usw., ThW I, S. 688–719.

– Artikel: πείθω usw., ThW VI, S. 1–12.

G. B. Caird, Besprechung von J. E. Crouch, The Origin of the Colossian Haustafel (1972), JThSt, N. S. 25, 1974, 176–177.

Campenhausen, H. Freiherr von, Kirchliches Amt und geistliche Vollmacht in den ersten drei Jahrhunderten, BHTh 14, ²1963.

– Rezension von G. Kehnscherper, Die Stellung der Bibel und der alten christlichen Kirche zur Sklaverei, 1957, ZKG 69, 1958, S. 328f.

Coleman-Norton, P. R., The Apostle Paul and the Roman Law of Slavery, in: Studies in Roman Economic and Social History in Honor of A. Ch. Johnson, hrsg. v. P. R. Coleman-Norton, Princeton 1951, S. 155–177 (abgek.: P. R. Coleman-Norton, Apostle Paul).

Conzelmann, H., Der erste Brief an die Korinther, MeyerK 5, 1969 (abgek.: H. Conzelmann, I Kor).

Deissmann, A., Licht vom Osten, ⁴1923, (abgek.: A. Deissmann, Licht vom Osten⁴).

– Paulus, ²1925 (abgek.: A. Deissmann, Paulus²).

Dibelius, M., Ἐπίγνωσις ἀληθείας, in: Botschaft und Geschichte II, 1956, S. 1–13.

Dibelius, M. – Kümmel, W. G., Paulus, Sammlung Göschen Nr. 1160, ⁴1970.

Diem, H., Onesimus – Bruder nach dem Fleisch und in dem Herrn. Die Botschaft des Apostels Paulus an Philemon in ihrer dauernden Aktualität, in: Evangelische Freiheit und kirchliche Ordnung. Freundesgabe anläßlich des 65. Geburtstages von Theodor Dipper, hrsg. v. H. Lang und P. Spambalg, 1968, S. 139–150.

Dodd, C. H., Notes from Papyri, JThS 26, 1924, S. 77f.

Eichholz, G., Die Theologie des Paulus im Umriß, (1972) ²1977

Fascher, E., Rezension von G. Kehnscherper, Die Stellung der Bibel und der alten christlichen Kirche zur Sklaverei, 1957, ThLZ 85, 1960, S. 521–524.

Filson, F. V., The Significance of the Early House Churches, JBL 58, 1939, S. 105–112.

Georgi, D., Die Geschichte der Kollekte des Paulus für Jerusalem, ThF 38, 1965.

Gnilka, J., Der Philipperbrief, HThK 10,3, 1968.

Goodenough, E. R., Paul and Onesimus, HThR 22, 1929, S. 181–183 (abgek.: E. R. Goodenough, Paul and Onesimus).

Greeven, H., Das Hauptproblem der Sozialethik in der neueren Stoa und im Urchristentum, Ntl. Forschungen 3. Reihe, Heft 4, 1935 (abgek.: H. Greeven, Sozialethik).

– Prüfung der Thesen von J. Knox zum Philemonbrief, ThLZ 79, 1954, S. 373–378.

Güttgemanns, E., Der leidende Apostel und sein Herr, FRLANT 90, 1966.

Gülzow, H., Christentum und Sklaverei in den ersten drei Jahrhunderten, 1969 (abgek.: H. Gülzow, Christentum und Sklaverei).

Hahn, F., Der urchristliche Gottesdienst, SBS 41, 1970.

Harrison, P. N., Onesimus and Philemon, AThR 32, 1950, S. 268–294 (abgek.: P. N. Harrison, Onesimus and Philemon).

Hauck, F., Artikel: κοινωνός usw., ThW III, S. 798–810.

Holtzmann, H. J., Der Brief an den Philemon, kritisch untersucht, ZWTh 16, 1873, S. 428–441 (abgek.: H. J. Holtzmann, Der Brief an den Philemon).

Jang, L. K., Der Philemonbrief im Zusammenhang mit dem theologischen Denken des Apostels Paulus, Diss. theol. Bonn, 1964 (Masch.) (abgek.: L. K. Jang, Diss.).

Jeremias, G., Der Lehrer der Gerechtigkeit, StUNT 2, 1963.

Jeremias, J., Nochmals: Die Anfänge der Kindertaufe, ThEx NF 101, 1962.

Jervell, J., The Problem of Traditions in Acts, in: Luke and the People of God, Minneapolis 1972, S. 19–39.

Jones, A. H. M., The Greek City from Alexander to Justinian, Oxford 1967.

Käsemann, E., An die Römer, HNT 8a, [3]1974 (abgek.: E. Käsemann, An die Römer[3]).

– Eine paulinische Version des ›amor fati‹, in: EVB II, S. 223–239.

– Der Ruf der Freiheit, [5]1972.

Kehnscherper, G., Die Stellung der Bibel und der alten christlichen Kirche zur Sklaverei, 1957 (abgek.: G. Kehnscherper, Sklaverei).

Klein, G., Christusglaube und Weltverantwortung als Interpretationsproblem neutestamentlicher Theologie, VF 18, 1973 Heft 2, 45–76.

Knox, J., Philemon among the Letters of Paul, London 1960 (abgek.: J. Knox, Philemon).

Köhler, W., Die Annotata des Hugo Grotius zum Philemonbrief des Apostels Paulus, Grotiana 8, 1940, S. 13–24 (abgek.: W. Köhler, Annotata).

Köster, H., Artikel: σπλάγχνον usw., ThW VII, S. 548–559.

Kügler, U.-R., Die Paränese an die Sklaven als Modell urchristlicher Sozialethik, Diss. theol. Erlangen, 1977.

Kümmel, W. G., Einleitung in das Neue Testament, [17]1973 (abgek.: W. G. Kümmel, Einleitung[17]).

Kuß, O., Paulus – Die Rolle des Apostels in der theologischen Entwicklung der Urkirche, 1971 (abgek.: O. Kuß, Paulus).

Lähnemann, J., Der Philemonbrief, in: Ansätze zu einer Hochschuldidaktik im Bereich Ev. Theologie, hrsg. v. J. Lähnemann, Hochschuldidaktische Materialien Nr. 39, 1973, S. 51–87.

Lambert, A., C. Plinius Caecilius Secundus. Sämtliche Briefe, Eingeleitet, übersetzt und erläutert. Bibliothek der Alten Welt, römische Reihe, hrsg. v. W. Rüegg, Zürich 1969.

Liddell, H. G. – R. Scott, A. Greek-English Lexicon, [9]1940 (=1961) (abgek.: Liddell-Scott, Wb[9]).

Lietzmann, H., An die Korinther I/II, HNT 9, 4. von W. G. Kümmel ergänzte Auflage 1949 (abgek.: H. Lietzmann, Kor).

Lohmeyer, E., Der Brief an die Philipper, MeyerK 9,1, ⁹1953.

Lohse, E., Märtyrer und Gottesknecht, FRLANT 64, ²1963.

Lyall, F., Roman Law in the Writings of Paul. The Slave and the Freedman, NTS 17, 1970/71, S. 73–79.

Merk, O., Handeln aus Glauben, Marburger Theologische Studien 5, 1968.

Moule, C. F. D., An Idiom Book of New Testament Greek, Cambridge ²1963 (abgek.: C. F. D. Moule, Idiom Book²).

Moule, H. C. G., Colossian and Philemon Studies, London o. J.

Moulton, J. H. – Milligan, G., The Vocabulary of the Greek Testament illustrated from the Papyri and other nonliterary sources, London 1914–1929 (abgek.: Moulton-Milligan, Vocabulary).

Müller-Bardorff, J., Artikel: Philemonbrief, RGG³ V, S. 331f.

Müller, K., Kirchengeschichte I,1, ³1941 hrsg. v. H. Freiherr von Campenhausen.

Nilsson, M. P., Geschichte der griechischen Religion, II, HAW V,2, ²1961.

Ollrog, W.-H., Paulus und seine Mitarbeiter, WMANT 50, 1979 (abgek.: Ollrog, Mitarbeiter).

Preiss, Th., Vie en Christ et éthique sociale dans l'Epître à Philémon, in: Aux sources de la tradition chrétienne, Festschrift für M. Goguel, Neuchâtel, Paris 1950, S. 171–179 = in: ders., La vie en Christ, Bibliothèque théologique, Neuchâtel, Paris 1952, S. 65–73 (abgek.: Th. Preiss, Vie en Christ).

Rengstorf, K. H., Artikel: δοῦλος usw., ThW II, S. 264–283.

Riesenfeld, H., Artikel: ὑπέρ, ThW VIII, S. 510–518.

Roller, O., Das Formular der paulinischen Briefe, BWANT 4. Folge, Heft 6, 1933.

Roloff, J., Anfänge der soteriologischen Deutung des Todes Jesu, NTS 19, 1972/73, S. 38–64.

– Apostolat – Verkündigung – Kirche, 1965.

Rostovtzeff, M., Gesellschaft und Wirtschaft im römischen Kaiserreich, I, II, o.J. (Vorwort 1929).

Sasse, H., Artikel: αἰών, αἰώνιος, ThW I, S. 197–209.

Schelkle, K. H., Theologie des Neuen Testaments, I. Schöpfung, 1968, III. Ethos, 1970.

Schlatter, A., Paulus der Bote Jesu, ⁴1969.

Schlier, H., Artikel: ἀνήκει, ThW I, S. 361, Z. 25–37.

– Artikel: παρρησία usw., ThW V, S. 869–884.

Schmitz, O., Artikel: παρακαλέω, παράκλησις, ThW V, S. 771–798.

Schrage, W., Barmen II und das Neue Testament. Einige neutestamentliche Beobachtungen im Blick auf Barmen II, in: Zum politischen Auftrag der christlichen Gemeinde (Barmen II), Votum des Theologischen Ausschusses der Ev. Kirche der Union, hrsg. v. A. Burgsmüller, 1974, S. 127–171.

– Der erste Petrusbrief, in: H. Balz, W. Schrage, Die »Katholischen« Briefe, NTD 10, ¹¹1973, S. 59–117.

– Die konkreten Einzelgebote in der paulinischen Paränese, 1961.

– Leid, Kreuz und Eschaton. Die Peristasenkataloge als Merkmale paulinischer theologia crucis und Eschatologie, EvTh 34, 1974, S. 141–175.

Schubert, P., Form and Function of the Pauline Thanksgivings, BZNW 20, 1939 (abgek.: P. Schubert, Pauline Thanksgivings).

Schulz, S., Gott ist kein Sklavenhalter. Die Geschichte einer verspäteten Revolution, 1972 (abgek.: S. Schulz, Sklavenhalter).

– Hat Christus die Sklaven befreit?, EvKomm 5, 1972, S. 13–17.

Schwantes, H., Schöpfung der Endzeit, 1963.

Schweizer, E., Artikel: πνεῦμα, πνευματικός, E. Das Neue Testament, ThW VI, S. 394–449.

– Zum Sklavenproblem im Neuen Testament, EvTh 32, 1972, S. 502–506.

– Der Brief an die Kolosser, EKK, 1976 (abgek.: E. Schweizer, Kol).

Seidensticker, P., Lebendiges Opfer, NTA 20,1–3, 1954.

Sherwin-White, A. N., The Letters of Pliny, Oxford ²1968.

– Roman Society and Roman Law in the New Testament, Oxford ³1969.

Sjöberg, E., Neuschöpfung in den Toten-Meer-Rollen, StTh 9, 1956, S. 131–136.

Stuhlmacher, P., Erwägungen zum ontologischen Charakter der καινὴ κτίσις bei Paulus, EvTh 27, 1967, S. 1–35.

– Historisch unangemessen, EvKomm 5, 1972, S. 297–299.

– Das paulinische Evangelium I, FRLANT 95, 1968.

– Das Gesetz als Thema biblischer Theologie, ZThK 75, 1978, S. 251–280.

Suhl, A., Der Philemonbrief als Beispiel paulinischer Paränese, Kairos NF 15, 1973, S. 267–279 (abgek.: A. Suhl, Philemonbrief).

Trummer, P., Die Chance der Freiheit. Zur Interpretation des μᾶλλον χρῆσαι in 1 Kor 7,21, Bib. 56, 1975, S. 344–368.

Urbach, E. E., The Laws Regarding Slavery, as a Source for Social History of the Period of the Second Temple, the Mishnah and Talmud, veröffentlicht in den Papers of the Institute of Jewish Studies London 1, hrsg. v. J. G. Weiss, Jerusalem 1964 (abgek.: E. E. Urbach, Laws regarding Slavery).

Vogt, J., Sklaverei und Humanität, Historia-Einzelschriften 8, ²1972.

Weiß, J., Der erste Korintherbrief, MeyerK 5, ⁹1910.

Wendland, H. D., Die Briefe an die Korinther, NTD 7, ⁹1963 (abgek.: H. D. Wendland, NTD).

– Ethik des Neuen Testaments, Grundrisse zum Neuen Testament, NTD Ergänzungsreihe 4, 1970.

Westermann, W. L., The Slave Systems of Greek and Roman Antiquity, Philadelphia ³1964 (abgek.: W. L. Westermann, Slave Systems³).

White, John. L., The Structural Analysis of Philemon, The Society of Biblical Literature, 107th Annual Meeting, Seminar Papers (28.–31. Oct. '71), Atlanta, Ga., 1971, S. 1–47.

Wickert, U., Der Philemonbrief – Privatbrief oder apostolisches Schreiben?, ZNW 52, 1961, S. 230–238 (abgek.: U. Wickert, Philemonbrief).

Wilckens, U., Das Neue Testament, übersetzt und kommentiert, beraten von Werner Jetter, Ernst Lange und Rudolf Pesch, 1970.

Wolff, H. W., Anthropologie des Alten Testaments, 1973 (abgek.: H. W. Wolff, Anthropologie).

Zahn, Th., Einleitung in das Neue Testament, I, ³1924.

Zmijewski, J., Beobachtungen zur Struktur des Philemonbriefes, BiLe 15, 1974, S. 273–296.

Die Abkürzungen folgen den Loccumer Richtlinien und den Abkürzungsverzeichnissen in: Die Religion in Geschichte und Gegenwart (3. Aufl.), dem Theologischen Wörterbuch zum Neuen Testament und der Theologischen Realenzyklopädie.

Einleitung

Der Philemonbrief ist der kleinste und zugleich persönlichste unter den uns erhaltenen Paulusbriefen. Historisch und theologisch ist er von erheblichem Interesse, weil er uns an einem delikaten Problemfall erkennen und nachvollziehen läßt, wie der Apostel sein Rechtfertigungsevangelium und seine Konzeption von der christlichen Gemeinde als dem einen Leib des Herrn in den praktischen Lebensvollzug einer christlichen Hausgemeinde hinein verantwortet. Paulus, selbst wegen seiner Evangeliumsverkündigung in Haft, wird von einem entlaufenen Sklaven namens Onesimus aufgesucht und um Hilfe gebeten. Es gelingt dem Apostel, den Flüchtling zum christlichen Glauben zu bekehren. Obwohl er Onesimus in seiner Situation als Helfer sehr wohl brauchen könnte, bewegt er ihn doch zur Rückkehr zu Philemon, seinem Herrn. In unserem Philemonbrief legt Paulus für den heimkehrenden Onesimus Fürsprache ein und bittet Philemon nachdrücklich um Wiederaufnahme des Onesimus als christlichem Bruder. Von der Freistellung des Onesimus zum Missionsdienst, auf die Paulus hofft, ist demgegenüber nur andeutungsweise die Rede. Warum?

Wer die anderen Paulusbriefe kennt, hat es nicht eben leicht, die Äußerungen des Paulus dort und hier in Einklang zu bringen. In 2 Kor 5,17 betont Paulus, daß der getaufte Christ eine neue Schöpfung sei, und Gal 3,26–28 führen provozierend aus, daß in der christlichen Gemeinde die Unterschiede zwischen Jude und Grieche, Mann und Frau, Sklave und Freiem schon überboten seien durch die Einheit aller in Christus. Ist dies angesichts des Philemonbriefes nur enthusiastische Theorie? Muß man sich, um Paulus in unserem Brief zu verstehen, an 1 Kor 7,21ff halten, wo der Apostel nach weitverbreiteter Ansicht den Sklaven abverlangt, selbst dann in ihrem Stand zu verharren, wenn sie freikommen können? Und erscheinen so die kühnen Sätze von 2 Kor 5,17 und Gal 3,26ff nicht erst recht als uneinholbar?

Der Philemonbrief will keine grundsätzliche apostolische Stellungnahme zum Verhältnis von Sklaverei und Urchristentum sein. Aber er gibt uns die Möglichkeit, die paulinische Verkündigung am Schicksal des Sklaven Onesimus bis in ihre alltäglichen Folgen hinein mitzuvollziehen. Und die eigentlich interessante Frage ist dabei, ob diese Theologie bei solchem praktischen Nachvollzug in disparate Äußerungen zerfällt oder ob sie sich als eine neue Realitäten setzende Einheit erweist.

1. Überlieferung

Von der Mitte des 2. Jh.s an ist der Phlm sicher nachgewiesen. Er war schon im Corpus Paulinum des Marcion enthalten (vgl. Tertullian, Adv Marc V,21) und wird auch im Canon Muratori aufgeführt. Ob schon Ignatius von Antiochien unseren Brief gekannt und benutzt hat, ist nicht eindeutig zu entscheiden. IgnEph 2–6 berühren sich zwar stellenweise auffällig mit dem Phlm[1], doch liegen nirgends eindeutige Zitate vor, und man kann auch nicht mit Bestimmtheit sagen, ob der von Ignatius dreimal (vgl. IgnEph 1,3; 2,1; 6,2) lobend erwähnte Bischof von Ephesus, Onesimus, mit dem im Phlm erwähnten Sklaven identisch ist oder nicht[2]. Immerhin sollte man diese Möglichkeit im Auge behalten, weil man erklären muß, weshalb gerade unser Phlm in die Sammlung der Paulusbriefe aufgenommen worden ist, aber andere Schreiben des Apostels nicht. Aus 1 Kor 5,9; 2 Kor 2,4 (und Kol 4,16) können wir ersehen, daß uns nicht alle Briefe erhalten geblieben sind, die Paulus geschrieben hat. Was hat unter diesen Umständen den so persönlich gehaltenen Phlm tradierungswürdig erscheinen lassen, aber Teile der Korrespondenz des Paulus mit den Korinthern nicht? Die Väterkommentare zum Phlm zeigen, daß die Bedeutung des Phlm wegen seines anscheinend belanglosen Inhaltes teilweise stark angezweifelt wurde[3]. Hinzu kommt folgendes: Vom 2. Jh. an mußten sich die Christen gegen den für ihre Mission bedrohlichen Verdacht zur Wehr setzen, sie wollten unter dem Deckmantel der religiösen Bekehrung Umsturz und Sklavenemanzipation fördern. Die Spuren dieser Auseinandersetzung lassen sich bis in die Ignatiusbriefe zurückverfolgen[4]. In dieser Situation machte der Phlm einfach deshalb Schwierigkeiten, weil er ja bewußt noch offenläßt, ob Onesimus wirklich auf Dauer Sklave bleiben oder nicht doch für Paulus freigegeben werden soll. Erst

[1] Vgl. *J. Knox*, Philemon, 85ff und zustimmend *P. N. Harrison*, Onesimus and Philemon, 290ff.

[2] Vgl. *E. Lohse*, Komm. 262 Anm. 1: »Ob . . . der von Ignatius erwähnte Bischof Onesimus . . . mit dem Onesimus des Philemonbriefes identisch war, muß ganz ungewiß bleiben. Berührungen mit dem Philemonbrief, die Knox in den Kapiteln 1–6 des Epheserbriefes des Ignatius aufweisen will . . ., gehen nicht über Anklänge oder gemeinchristliche Wendungen hinaus. Sie können keinesfalls beweisen, daß Ignatius aus dem Philemonbrief zitiert und damit hervorheben will, der Bischof von Ephesus sei eben jener Onesimus, der vor Jahrzehnten seinem Herrn entlaufen war und für den der Apostel Paulus sich verwendet hatte«. Kritisch auch *J. Ernst*, RNT, 126.

[3] Hieronymus z. B. berichtet in der Vorrede zu seinem Philemonkommentar von Kritikern, welche im Blick auf den Phlm bestreiten, daß der Apostel immer im Geiste Christi gesprochen habe (»non semper Apostolum nec omnia

Christo in se loquente dixisse«) und daß der Brief von seinem Inhalt her wirklich erbaulich sei (»nihil habere quod aedificare nos possit«) MPL 26, 636f. Vgl. zum Bericht des Hieronymus *E. Eisentraut*, Philemon, XXIIIf; *J. Knox*, Philemon, 79f und *L. K. Jang*, Diss. 9. Zur Exegese der Väter ausführlicher unter S. 58ff.

[4] Ign Pol 4,3 heißt es: »Sklaven und Sklavinnen behandle nicht von oben herab. Aber auch sie sollen sich nicht aufblähen, sondern zur Ehre Gottes (nur noch) eifriger Sklavendienste leisten, auf daß sie eine bessere Freiheit von Gott erlangen. Sie sollen nicht darauf brennen, auf Gemeindekosten frei zu werden, auf daß sie nicht als Sklaven der Begierde erfunden werden« (Übs. von *W. Bauer*, Die Briefe des Ignatius von Antiochia und der Polykarpbrief, HNT ErgBd II, 1920, 277). *W. Bauer* vermutet ebenso wie *K. H. Rengstorf*, ThW II 274 Anm. 86, daß es sich bei dieser Warnung um eine erste strikte Auslegung von 1 Kor 7,21f handelt; sie kam natürlich nicht zufällig, sondern auf Grund von negativen Erfahrungen zustande.

wenn man den Brief von den neutestamentlichen Haustafeln her nur im ersten Sinne interpretierte, bot er keine Angriffsflächen.

Sieht man dies, kann man nicht mehr einfach sagen, der Phlm sei deshalb weitertradiert worden, weil »er von beispielhafter Bedeutung für die seelsorgerliche Behandlung einer im Urchristentum sehr wichtigen und nicht leicht zu lösenden Frage gewesen ist«[5]. Eben diese Sicht mußte allem Anschein nach erst allmählich exegetisch erkämpft werden. Es müssen demnach ursprünglich andere Gründe dafür gesprochen haben, den Phlm weiterzugeben, und wenn man nach diesen Gründen forscht, ist die Annahme einer frühchristlichen Personaltradition ausgesprochen hilfreich. Wenn nämlich der Onesimus des Phlm tatsächlich Bischof von Ephesus wurde (oder der christlichen Überlieferung von früh an als solcher galt), wird von diesem auffälligen Lebensschicksal her die Aufnahme des Briefes in das schon Ende des 1. Jh.s entstehende Corpus Paulinum leichter begreiflich, als wenn man ohne diese Annahme arbeitet. Es spricht also einiges dafür, daß das bemerkenswerte Schicksal des Onesimus die Tradierung unseres Briefes anfänglich provoziert und begünstigt hat[6].

2. Echtheit

Alte Tübinger Tendenzkritik wollte im Phlm nur »den Embryo einer . . . christlichen Dichtung« sehen, welche wie in den Pseudoklementinen zeigen möchte, daß »das Christenthum als bleibende Wiedervereinigung derer« aufzufassen sei, »die zuvor durch verschiedene Schicksale von einander getrennt, in der Folge durch eine eigene, von der göttlichen Vorsehung so veranstaltete Fügung der Umstände wieder zusammengeführt werden, indem sie mit ihrer Bekehrung zum Christenthum sich selbst wiedererkennen, und der Eine in dem Anderen sein eigenes Geschlecht, sich selbst erblickt«[7]; und H. J. Holtzmann stellte im Anschluß an diese Sicht F. Chr. Baurs die kritische Frage, ob nicht »das eigentliche Motiv für die Entstehung des Philemonbriefes« in der Absicht liege, »das so schwierige und wahrhaft christliche Herzen so peinlich berührende Sclavenwesen einmal vom ideal christlichen Standpunkte aus zu behandeln«, »d. h. ob nicht der Autor ad Ephesios hier historisch illustrire, was er an jener Stelle der Haustafel ⟨d. h. in Eph 6,1–9⟩ dogmatisch anordnet«[8]. Inzwischen hat die Exegese gelernt, den Phlm als authentisch zu betrachten, weil Form, Stil und Wortwahl auf einen genuinen Paulusbrief weisen und sich die schon von F. Chr. Baur notierten Besonderheiten des Ausdrucks

---

[5] So *G. Friedrich*, NTD, 189 und erwägungsweise auch *Th. Preiss*, Vie en Christ, 65.

[6] (Nur) insoweit scheint mir *J. Knox* mit seiner Argumentation, Philemon, 79ff im Recht zu sein. Daß wir freilich die den Phlm einschließende erste Sammlung der Paulusbriefe überhaupt nur der Anregung und Aufsicht des Onesimus als des Bischofs von Ephesus verdanken (a.a.O. 92), geht weit über das hinaus, was wir historisch wissen können. Zustimmend zu Knox aber immerhin *P. N. Harrison*, Onesimus and Philemon, 292.

[7] *F. Chr. Baur*, Paulus [2] II, 92/93.

[8] *H. J. Holtzmann*, Der Brief an den Philemon, 436.

aus der speziellen Situation des Briefes aufhellen lassen. Das sowohl mit »Gesandter« als auch mit »alter Mann« übersetztbare πρεσβύτης von V 9 erklärt sich im zweiten Sinne (und im Einklang mit Tit 2,2), wenn man den persönlichen Grundtenor des Phlm beachtet; die Häufung von juristisch-finanztechnischen Ausdrücken in V 17–19 signalisiert, daß Paulus die vermögensrechtliche Problematik der Flucht des Onesimus sehr wohl vor Augen steht; das bei Paulus einmalige ξενία von V 22 entstammt einem stehenden Ausdruck ξενίαν ἑτοιμάζειν und ist deshalb nicht auffällig, sondern als Ausdruck des Gedankens in V 22 sachgemäß usw. Daß schließlich der Brief insgesamt und der in ihm verhandelte Problemfall keine Idealkonstruktion darstellen, sondern der Wirklichkeit des Lebens entstammen[9], ist richtig, läßt sich aber nur in dem Maße festhalten, als die historische Situation des Briefes wirklich plastisch vor Augen steht.

3. Historische Situation

Als *Adressat* des Briefes erscheint nach V 1 und 2 Philemon mit seiner Hausgemeinde, die man sich wahrscheinlich in Kolossä selbst (vgl. Kol 4,9) oder in der Umgebung der Stadt ansässig zu denken hat. V 5f verrät, daß man sich unter Christen von der Glaubenstreue und der christlichen Großzügigkeit dieses Mannes erzählt hat, der vermutlich Paulus selbst seine Hinwendung zum Evangelium verdankt (vgl. V 19). Dieser Ruf des Philemon und die Tatsache, daß der Sklave Onesimus ihm entlaufen konnte (V 11f. 15f), er also Besitzer von (mehreren?) Sklaven war, verraten einen gewissen Wohlstand, der sich auch darin dokumentiert, daß Philemon ein Haus besitzt, in dem sich die sicher nicht allzu große Gemeinde versammeln konnte[10]. Die These von J. Knox, Philemon sei nur Adressat des Briefes, der eigentlich Angesprochene aber sei der in V 2 genannte Archippus, und in Archippus habe man den Herrn des entlaufenen Onesimus zu sehen[11], ist aus dem Phlm selbst heraus nicht zu bewahrheiten. Die von Knox vermutete Identität des Phlm mit dem Kol 4,16 erwähnten Paulusbrief »aus Laodicea«[12] bleibt auch ohne diese Hypothese erwägenswert; Laodicea liegt von Kolossae ca. 15 km entfernt.
Absender des Briefes und *Verfasser* ist Paulus, der sich in Begleitung seines Gehilfen und Mitarbeiters Timotheus befindet. Paulus liegt nach V 1.9 und 13

---

[9] W. G. *Kümmel*, Einleitung[17], 308.

[10] »It is apparent, . . . that homes large enough to house a considerable number of Christians in one assembly must have been owned by persons of some means. They need not have been rich. They may have been traders or even workers. But they certainly were not of the dispossessed proletariat. They were established and successfull« (F. V. *Filson*, The Significance of the Early House Churches, JBL 58, 1939, ⟨105–112⟩ 111).

[11] A.a.O. 49ff. Vorsichtig zustimmend auch H. *Greeven*, Prüfung der Thesen von J. Knox zum Philemonbrief, ThLZ 79, 1954, 373–378 und Komm. 101–103, sowie U. *Wilckens*, Das Neue Testament übersetzt und kommentiert, 1970, 772f. Zur Kritik vgl. vor allem E. *Lohse*, Komm. 261f.

[12] A.a.O. 38ff. Zur Kritik vgl. P. N. *Harrison*, Onesimus and Philemon, 280ff, E. *Lohse*, a.a.O.; W. G. *Kümmel*, a.a.O. 307; J. *Ernst*, RNT, 125f.

in Haft, und zwar um seiner Missionsverkündigung willen. Da er aber, wie V 1
und 23f zeigen, Verbindung mit seinen Missionsgehilfen hat, wird man sich
diese Haft als relativ freie »Untersuchungshaft während eines Verfahrens« zu
denken haben, während deren, »damaliger Gepflogenheit entsprechend Ange-
hörige und Freunde in der Regel freien Zutritt zum Gefangenen hatten – und
zwar nicht zuletzt deshalb, weil sie ihn verpflegen mußten«[13].
Nur unter solchen Verhältnissen ist es auch denkbar, daß Paulus Kontakt zu
Onesimus gewinnen und zugleich Zeit und Gelegenheit finden konnte, diesen
zum christlichen Glauben zu bekehren (vgl. V 10f). In strenger Kerkerhaft
wäre beides, die Abfassung von Briefen und eine Unterweisung des Onesimus
im Glauben, nicht wohl möglich gewesen[14].
An welchem Ort Paulus unter Gewahrsam steht, geht aus dem Phlm selbst
nicht direkt hervor. In Frage kommen Rom, wo Paulus nach Apg 28,16 zusammen mit seiner Wache privat wohnen durfte; Cäsarea, wo Paulus länger als
zwei Jahre gefangengehalten wurde, sich aber von seinen Freunden versorgen
lassen konnte (vgl. Apg 24,23.27), und eventuell auch Ephesus. Von einer
ephesinischen Gefangenschaft des Apostels haben wir zwar keinen ausdrücklichen Bericht, sie läßt sich aber aus 2 Kor 1,8f; 11,23f; 1 Kor 15,32 und dem Bericht über die langjährige Wirksamkeit des Paulus in der Metropole, Apg 19,
erschließen[15]. Welche der drei Städte definitiv zu wählen ist, muß aus einer historischen Kombination erschlossen werden. Die Hauptfrage ist dabei die, von
wo aus Paulus am ehesten die in V 22 erwähnten Reisepläne entwerfen, Onesimus zu Philemon zurückschicken und doch erhoffen konnte, den Sklaven von
Philemon wieder als Gehilfen zur Verfügung gestellt zu bekommen (vgl. V
13f. 20). Bedenkt man die enorme und kostspielige Reiseroute nach und von
Rom und die nicht minder langen Reisewege von Kolossä nach Cäsarea, dann
erscheint Ephesus als Abfassungsort des Phlm weitaus am wahrscheinlichsten.
Indem wir uns für Ephesus entscheiden[16], gewinnen wir zugleich eine Möglichkeit der *Datierung* des Briefes. Paulus war in Ephesus etwa 53–55
n. Chr.[17], und in diese Zeit dürfte auch die Abfassung des Phlm fallen.
Für Ephesus spricht auch die Lage des flüchtigen Sklaven *Onesimus*. Während
Rom schon in der Mitte des 1.Jh.s ein perfekt organisiertes Instrumentarium
für die Wiederergreifung flüchtiger Sklaven besaß, waren zur gleichen Zeit die

[13]   *A. Suhl*, Philemonbrief, 269.
[14]   Vgl. *A. Suhl*, a.a.O. und *H. Gülzow*,
Christentum und Sklaverei, 31f.
[15]   Vgl. zur ephesinischen Gefangenschaft des
Paulus *G. Bornkamm*, Paulus, 94ff; *E. Lohse*,
Komm. 234–237 (Exkurs zu Kol 4,4); dort auch
weitere Literatur. Von einer Gefangenschaft
des Apostels in Ephesus ist schon im markioni-
tischen Prolog zum Kolosserbrief die Rede, vgl.
H. Greeven, Komm. 52 (zu Kol 4,13).
[16]   So mit *E. Lohse*, Komm. 264f; *G. Friedrich*, NTD, 189; *L. K. Jung*, Diss. 6–8; *A.*

Suhl, Philemonbrief, 269 u. vielen anderen. –
Für *Cäsarea* plädieren z. B. *E. Lohmeyer*,
Komm. 172 (Alternative: Rom); *H. Greeven*,
Komm. 107 u. a. – Für *Rom* als Abfassungsort
entscheiden sich: *J. B. Lightfoot*, Komm.
310f; *K. Staab*, RNT, 106; *C. F. D. Moule*,
Komm. 24f u. a.. *H. Gülzow*, Christentum
und Sklaverei, 29f meint sogar, daß sich für
Rom »die besten Gründe beibringen lassen«.
[17]   Zur paulinischen Chronologie vgl. *W. G.
Kümmel*, a.a.O. 217–219; *G. Bornkamm*,
a.a.O. 10.94ff; *O. Kuß*, Paulus, 19ff.

Entkommenschancen für solche Leute in Kleinasien erheblich größer[18]. Von der Frage der hohen Reisekosten noch ganz abgesehen, hätte Onesimus also mit einer Flucht (ausgerechnet) nach Rom wesentlich mehr riskiert als mit einem Entweichen nach Ephesus, das als große Metropole und Hafenstadt schon Schlupfwinkel und Weiterkommensmöglichkeiten genug versprach und von Kolossä aus in wenigen Tagen erreichbar war[19]. Aller Wahrscheinlichkeit nach ist Onesimus einer jener im Haus beschäftigten Sklaven gewesen, die damals von Ägypten bis hin nach Rom für ihre Herrschaft nicht nur die sog. niederen Dienste, sondern z. T. auch anspruchsvolle und vertrauensvolle Arbeiten versahen. H. Gülzow vermutet im Blick auf V 18 sogar, Onesimus sei von Philemon mit der Führung der Kasse betraut gewesen[20]. Möglich ist dies durchaus, nur läßt es sich leider historisch nicht mehr wirklich entscheiden. Aus V 18 geht nur hervor, daß Onesimus bei seinem Herrn Schulden hat. Diese dürften durch den Arbeitsausfall und – eventuell – durch einen zusätzlichen Gelddiebstahl vor der Flucht entstanden sein.

Die Gründe, die Onesimus zur Flucht bewogen haben, kennen wir nicht. Sklavenflucht war in der Antike eine sehr häufige Erscheinung, wobei als wohlverständliche Hauptgründe das Bedürfnis nach Freiheit und nach menschenwürdiger Behandlung in Frage kommen. Für die Flüchtigen gab es fünf Möglichkeiten, unterzutauchen oder weiterzukommen. Sie konnten – erstens – zu den Banden und Räubern stoßen[21]. Sie konnten – zweitens – versuchen, in der Subkultur der großen Städte unterzutauchen. Epiktet schildert anschaulich und sarkastisch zugleich, wie solche Flüchtlinge noch im Theater von der Sorge vor Wiederentdeckung umgetrieben werden (Diss. I,29,59ff) und wie die zur Freiheit drängenden Sklaven als Freie dann sogleich wieder in bittere Sorgen um Nahrung und Kleidung verstrickt werden (Diss. IV,1,33ff). Die Sklaven konnten – drittens – den Versuch machen, ins Ausland zu flüchten[22]. Sie konnten sich – viertens – bemühen, in einem Gebiet mit großem Arbeitskräftemangel unterzukommen, wobei Kleinasien freilich wesentlich geringere Möglichkeiten bot als Italien, weil in Italien die Agrarwirtschaft in großem Stil mit Hilfe von Sklavenarbeit betrieben wurde, in Kleinasien aber vor allem von Pächtern und Unfreien[23]. Schließlich konnten die flüchtigen Sklaven – fünf-

---

[18] *H. Bellen*, Studien zur Sklavenflucht, 10f: »Für die Provinzen scheint es bis zur Mitte des 2. Jh. n. Chr. keine einheitliche Regelung der staatlichen Hilfe bei der Suche nach einem fugitivus gegeben zu haben. Durch Antoninus Pius wurde dann aber das für Rom und Italien geltende System auf die Provinzen übertragen.« Regierungszeit des Antoninus Pius: 138–161 n. Chr.

[19] Vgl. *A. Suhl*, Philemonbrief, 269 und *A. Deissmann*, Paulus[2], 15 Anm. 3.

[20] »Bei den Schulden, von denen Paulus (V 18) spricht, denkt man fast überall nicht nur an alle nicht geleistete Arbeit des Onesimus, sondern vermutet als Vergehen wohl mit Recht

einen Griff in die Kasse seines Herrn vor der Flucht. In diesem Falle dürfte Onesimus mit der Verwaltung der Geldgeschäfte beauftragt gewesen sein, was keineswegs ungewöhnlich war« (Christentum und Sklaverei, 31).

[21] Vgl. *W. L. Westermann*, Slave Systems[3], 107; *H. Bellen*, Studien zur Sklavenflucht, 143ff.

[22] Vgl. den diesbezüglichen Brief Plinius d. J., Lib. Ep. X, 74 und dazu den Kommentar von *A. N. Sherwin-White*, The Letters of Pliny, Oxford [2]1968, 660–663. (Den Hinweis auf diesen Pliniusbrief verdanke ich Dr. W. Pöhlmann, Tübingen.)

[23] Vgl. *W. L. Westermann*, Slave Systems[3].

tens – Asyl in einem Tempel, z. B. dem Artemision in Ephesus, suchen und so wenigstens auf den Weiterverkauf an einen humaneren Herrn dringen[24]. Wurden die Flüchtlinge, z. B. auf Grund von Steckbriefen oder von ihren ihnen nachsetzenden Herren, vielleicht aber auch von den eigens dafür geschulten Sklavenfängern ergriffen[25], drohten ihnen Strafen von der Auspeitschung bis hin zur Brandmarkung und Kreuzigung[26].

Erstaunlicherweise wählt unser Onesimus keinen dieser Wege. Er wendet sich statt dessen an den Apostel, von dem er offenbar (im Hause seines Herrn?) gehört hat, und bittet ihn um Hilfe. Onesimus wird von Paulus für Christus gewonnen und, was noch einmal erstaunlich ist, gleichzeitig bewogen, zu Philemon, seinem Herrn, zurückzukehren. Der Phlm stellt eine Art von Geleitbrief für den Heimkehrer dar, der ihm in Kolossä eine günstige Wiederaufnahme sichern soll. Da Paulus nicht nur um die Aufnahme des Onesimus in die Hausgemeinde des Philemon bittet, sondern sich in V 19 auch noch ausdrücklich bereit erklärt, eventuelle Schadenersatzansprüche selbst abzudecken, durfte Onesimus trotz des ihm zugemuteten Wagnisses der Rückkehr auf gutes Gehör bei Philemon hoffen.

Leider läßt sich die für den Phlm maßgebende und von den Beteiligten zu beachtende *Rechtslage* nicht mehr eindeutig klären. Da der Phlm nach Ephesus gehört (s. o.), kommen die römischen Rechtsverhältnisse nur als Analogie in Frage. In der Provinz ließen die Römer den Peregrinen, d. h. den Einheimischen und Ansässigen ohne römisches Bürgerrecht, juristisch z. T. recht freie Hand, und die Statthalter nahmen sich nur der wirklich wesentlichen Fälle an[27]. Zu ihnen gehörte eine Sklavenflucht aber ganz gewiß nicht. Da wir zwar von Paulus selbst wissen, daß er das römische Bürgerrecht besaß (vgl. Apg 22,25–29), über Stand und Rechtsverhältnisse des Philemon aber nichts erfahren, können wir über die Rechtssituation insgesamt nur wenig Präzises sagen. Deutlich ist nur, daß die Flucht eines Sklaven für den Eigentümer einen nicht geringen Vermögensverlust bedeutete, daß die unerlaubte Einbehaltung flüchtiger Sklaven im ganzen Imperium strafbar war[28] und daß Paulus selbst nach V

90ff. 126f. und M. *Rostovtzeff*, Gesellschaft und Wirtschaft im römischen Kaiserreich, I 84.88f (für Italien) und II 1f (für Kleinasien).
[24] Vgl. *W. L. Westermann*, Slave Systems³, 108; *H. Bellen*, Studien zur Sklavenflucht, 64–78. Zur Praxis des Diasporajudentums gegenüber asylsuchenden Sklaven vgl. *E. R. Goodenough*, Paul and Onesimus, 181–183.
[25] Vgl. *H. Bellen*, Studien zur Sklavenflucht, 5ff und *W. L. Westermann*, Slave Systems³, 107f. Text, (englische) Übersetzung und Kommentar zu einem aus Alexandrien stammenden Steckbrief auf zwei flüchtige Sklaven aus dem Jahre 145 v. Chr. bei *C. F. D. Moule*, Komm. 34ff; der griechische Text allein bei *H. Greeven*, Komm. 111f (Beilage Nr. 8).
[26] Vgl. *W. L. Westermann*, a.a.O. 106f und

vor allem *H. Bellen*, a.a.O. 17–31.
[27] *A. H. M. Jones*, The Greek City from Alexander to Justinian, Oxford 1967, 121f. 134. 213. 243f; *A. N. Sherwin-White*, Roman Society and Roman Law in the New Testament, Oxford ³1969, 78–98.
[28] Zur römischen Rechtspraxis und ihrer Entwicklung seit dem 2. Jh. v. Chr. vgl. *H. Bellen*, Studien zur Sklavenflucht, 44ff. *P. R. Coleman-Norton*, Apostle Paul, 169f möchte zeigen, daß Paulus bei der Rücksendung des Onesimus die lex Fabia de plagiariis im Auge hat, welche die Anmaßung von Herrenrechten (über fremde Sklaven) unter strenge Strafen stellte. Kritisch dazu zwar *W. L. Westermann*, Slave Systems³, 150 Anm. 7, zustimmend aber *H. Bellen*, a.a.O. 80.

15 und 19 die vermögensrechtliche Problematik des Falles durchaus im Auge hat. Paulus schreibt seinen Brief also nicht einfach als persönlichen Appell, der alle Sachfragen überspielt.

4. Charakter und Aufbau des Philemonbriefes

Immer wieder kann man lesen, es handele sich bei dem Philemonbrief um einen bloßen Privatbrief des Apostels[29]. Richtiger spräche man von einem persönlich gehaltenen Paulusbrief, weil sich der Phlm von V 8 an betont eindringlich an die Person des Philemon wendet. Indem in V 1 und 2 aber nicht nur Philemon allein, sondern seine ganze Hausgemeinde angesprochen und dementsprechend erwartet wird, daß diese Hausgemeinde vom Inhalt unseres Phlm Kunde erhält, scheidet die Charakterisierung als Privatbrief aus. Philemon hat die ihm vom Apostel zugemutete Entscheidung vor seiner versammelten Hausgemeinde zu verantworten, und diese öffentliche Verpflichtung stellt ein nicht unwichtiges Element des gesamten Falles dar.

Daß es sich bei Phlm um mehr als eine rein persönliche Mitteilung handelt, zeigt ferner die bewußte Formung des Schreibens, die, wie bei den Paulusbriefen sonst auch, nicht nur in sorgfältigen Einzelformulierungen zutage tritt, sondern in dem epistolarisch-formgerechten Aufbau des ganzen Briefes. Dementsprechend lassen sich leicht folgende Briefabschnitte erkennen und voneinander abheben:

Eingangsgruß	V 1 – 3
Danksagung und Fürbitte	V 4 – 7
Hauptteil	V 8 – 20
Abschluß, Grüße und Segenswunsch	V 21 – 25.

Von seinem Inhalt her stellt sich der Phlm dar als eine briefliche Fürsprache des Apostels für den flüchtigen, aber reumütigen Sklaven Onesimus bei Philemon, seinem alten Herrn. Die Bitte und Hoffnung, Philemon möge den Onesimus für Paulus und seine Missionsarbeit freistellen, klingt in V 13.21 nur an. Sie gehört zu den Obertönen unseres Schreibens und ändert seinen fürsprechenden Charakter nicht. Unter diesen Umständen ist es möglich, den Phlm mit anderen antiken Fürbittbriefen zu vergleichen[30]. Ob die von Paulus in 2 Kor 3,1 abschätzig erwähnten »Empfehlungsbriefe« seiner Kontrahenten mit dem Phlm in Zusammenhang gebracht werden dürfen, ist inhaltlich nicht mehr

---

[29] Vgl. *A. Deissmann*, Paulus[2], 15f; *K. Staab*, RNT, 106; *J. Müller-Bardorff*, RGG[3]V 331f. Aber auch *G. Bornkamm*, Paulus, 100 schreibt: Der in Ephesus geschriebene Phlm ist »der einzige Privatbrief, den wir von Paulus besitzen«. Gegen diese Sicht wendet sich mit Recht *U. Wickert*, Philemonbrief, 230ff; Zur Auseinandersetzung vgl. auch *Th. Preiss*, Vie

en Christ, 67f; *E. Lohse*, Komm. 264. 267f.; *J. Ernst*, RNT, 125, und *W.-H. Ollrog*, Mitarbeiter, 104.

[30] Vgl. zum Problem *H. Lietzmann*, Kor. 110 und *C. J. Bjerkelund*, PARAKALO, 120ff mit Zitat und Übersetzung zweier formal mit dem Phlm vergleichbarer kurzer Bittbriefe.

auszumachen. Nach 2 Kor 10,12.18 hätte der Apostel solchen Vergleich wohl weit von sich gewiesen. Auch jene Empfehlungen, die Paulus selbst in Röm 16,1f für Phöbe, 1 Kor 16,10f für Timotheus und in 2 Kor 8,22f für einen namentlich nicht genannten christlichen Bruder äußert, lassen sich nur formal mit der Fürsprache des Phlm vergleichen. Andere antike Briefe kommen dafür dem Phlm recht nahe.

Von diesen ist an erster Stelle der Brief des jüngeren Plinius an seinen Freund Sabinianus aus der Zeit Trajans (98–117 n. Chr.) zu nennen. Plinius legt hier Fürsprache ein für einen flüchtigen, nach römischem Recht aber noch zu obsequium und reverentia, d. h. zu Gehorsam und Ehrerbietung, verpflichteten Freigelassenen des Sabinianus und schreibt:

»Mein lieber Sabinianus,
Dein Freigelassener, über den Du Dich, wie Du gesagt hattest, so ärgerst, ist zu mir gekommen, hat sich mir zu Füßen geworfen und blieb dort liegen, als läge er vor Dir. Lange weinte er, er bat lange, er schwieg auch lange; kurz, er machte mir den Eindruck aufrichtiger Reue. Ich halte ihn wirklich für gebessert, da er einsieht, einen Fehler begangen zu haben.
Du bist zornig, das weiß ich, und Du bist mit Recht zornig, auch das weiß ich. Aber gerade dann ist Milde besonders lobenswert, wenn der Grund zum Zorn am berechtigtsten ist. Du hast den Mann geliebt und, hoffe ich, wirst ihn wieder lieben; inzwischen genügt es, wenn Du Dich erweichen läßt. Du wirst auch wieder zornig werden dürfen, wenn er es verdient; denn hast Du Dich einmal erweichen lassen, wird auch jenes entschuldbarer sein. Halte seiner Jugend, halte seinen Tränen, halte Deiner Nachsicht etwas zugute. Quäle ihn nicht, quäle auch Dich nicht – Du quälst Dich nämlich, wenn Du, ein so gütiger Mensch, zornig bist.
Ich fürchte, es möchte scheinen, ich bäte Dich nicht, sondern nötigte Dich, wenn ich mich seinem Flehen anschließe; doch kann ich mich ihm um so bereitwilliger und ungehemmter anschließen, je schärfer und strenger ich ihn getadelt habe mit der unumwundenen Drohung, in Zukunft nie wieder für ihn bitten zu wollen. Dies sagte ich ihm, dem ich einen Schrecken einjagen mußte. Dir gegenüber sage ich dies nicht, denn vielleicht werde ich nochmals bitten, auch Gewährung nochmals bekommen; nur muß es etwas sein, das sich für mich zu bitten, für Dich zu erfüllen ziemt.
Dein Gaius Plinius.«[31]

Ein weiterer Brief des Plinius an Sabinianus zeigt, daß seine Fürsprache Erfolg gehabt hat[32]. – Als zweites Beispiel ist der Brief eines christlichen Dorfpriesters

[31] Lib. Epist. IX, 21. Übersetzung nach *A. Lambert*, C. Plinius Caecilius Secundus. Sämtliche Briefe. Eingeleitet, übersetzt und erläutert. Bibliothek der Alten Welt, römische Reihe, hrsg. v. W. Rüegg, Zürich 1969, 349f. Der lateinische Urtext bei *H. Greeven*, Komm. 111 (Beilage 7) und *E. Lohse*, Komm. 274 Anm. 2.
[32] Auch dieser Brief (Lib. Epist. IX, 24) wird von *H. Greeven*, a.a.O. 111 (Beilage 7) und *E. Lohse*, a.a.O. 275 Anm. 1 im lateinischen Text

aus Ägypten zu nennen, in welchem er bei Flavios Abinnaios, einem Christen und römischen Kavallerieoffizier, Fürsprache einlegt für einen Soldaten, der sich unerlaubterweise vom Dienst entfernt hat, nun aber zu seinem Vorgesetzten zurückkehrt[33]. – Als Analogie zum Phlm erscheint schließlich ein Brief Isidors von Pelusium (gest. 435 n. Chr.) an einen christlichen Juristen namens Hero. Ein Hero gehöriger Sklave hat sich an Isidor gewandt, und dieser bittet Hero nun um Vergebung für den schuldbewußten Flüchtling, wobei er zur Bekräftigung seiner Bitte auf Mt 6,15, die Musterfälle von Lk 7,37ff; Mt 9,9ff; Joh 4,5ff und Mt 9,2ff verweist[34].

Diese aus verschiedenen Lebensbereichen und Zeiten stammenden Briefe zeigen, daß Paulus bei aller Eigenständigkeit dennoch keinen völlig singulären Schritt unternimmt, wenn er sich brieflich bei Philemon und den Seinen für Onesimus einsetzt. Die Besonderheit des Phlm liegt vielmehr darin, daß und wie ein in der damaligen Welt öfters auftretender Fall, die Flucht eines Sklaven und seine reumütige Rückkehr, von Paulus »in Christus« verhandelt wird, d. h. im Rahmen einer christlichen Hausgemeinde in Kolossä oder Umgebung ca. 55 n. Chr., die das Missionswerk des Apostels nach Kräften zu unterstützen hat.

---

geboten. Seine Übersetzung lautet nach *A. Lambert*, a.a.O. 352: »Mein lieber Sabinianus, Du hast gut daran getan, den Dir einst so lieben Freigelassenen auf mein Begleitschreiben hin wieder in Dein Haus, in Dein Herz aufzunehmen. Das wird Dir Freude bereiten; mir bereitet es bestimmt Freude: erstens weil ich sehe, daß Du so zugänglich bist und auch im Zorn auf Ratschläge hörst, dann weil Du mich so hoch schätzt, daß Du entweder meinem Einfluß nachgibst oder meinen Bitten willfährst. Nimm also mein Lob und meinen Dank; zugleich ermahne ich Dich für die Zukunft, Dich den Verfehlungen Deiner Leute gegenüber, auch wenn sie keinen Fürbitter haben, versöhnlich zu zeigen. – Dein Gaius Plinius.«

[33] Der Brief ist ca. 346 n. Chr. zu datieren und findet sich als Faksimile, in Umschrift und Übersetzung bei *A. Deissmann*, Licht vom Osten[4], 184f.

[34] MPG 78, 277 (Nr. 142). Der Brief ist deshalb besonders interessant, weil Isidor dem Empfänger auch schon gewisse Vorhaltungen macht, daß er, ein Freund Christi und in Kenntnis seiner befreienden Gnade, doch noch einen Sklaven besitze. – Vgl. zu den genannten Briefen *M. Meinertz*, Komm. 111–114 und *H. Bellen*, Studien zur Sklavenflucht, 18, der im Blick auf den Phlm und die genannten Briefe, aber auch Petronius, Satyricon 107,4 und einen von Johannes Chrysostomus (adv. Iud. 8,6) erteilten Rat, ein zur Flucht entschlossener Sklave solle zu Freunden seines Herrn flüchten, von einem Regelfall zu sprechen wagt: Es »ist nicht zu bezweifeln, daß ein fugitivus, der von selbst zu seinem Herrn zurückkehrte und Reue über seine Flucht zeigte, auf Nachsicht rechnen konnte, mochte der Herr sonst auch grausam und unversöhnlich sein. Ein solcher Sklave suchte meist, um wirklich straffrei auszugehen, einen Freund seines Herrn als Vermittler zu gewinnen. Der Freund gab dem Sklaven dann wohl einen Brief mit, der den Zorn des Herrn besänftigen sollte«. Anmerkungsweise bezeichnet *H. Bellen* dann den Phlm als »ein Musterbeispiel« solcher Briefe (a.a.O. 18 Anm. 98).

Kommentar

1. V 1–3 Eingangsgruß (Präskript)

1 Paulus, Gefangener Christi Jesu, und Timotheus, der Bruder, an Philemon, unseren Geliebten und Mitarbeiter, 2 und an Apphia, die Schwester, und Archippus, unseren Mitstreiter, und die Gemeinde in deinem Hause: 3 Gnade sei mit euch und Friede von Gott unserem Vater und dem Herrn Jesus Christus.

Wie die Paulusbriefe sonst auch beginnt der Phlm mit einem sorgfältig stilisierten Briefpräskript: In einem ersten Satz werden Absender und Adressaten genannt, in einem zweiten, vom ersten getrennten Satz, folgt der Segenswunsch. Man versteht diese sich an vorderorientalische Vorbilder anlehnende formbewußte Fassung des paulinischen Briefeingangs erst dann richtig, wenn man bedenkt, daß die Paulusbriefe von ihren Empfängern nicht nur im stillen gelesen, sondern aller Wahrscheinlichkeit nach auch in der Gemeindeversammlung vorgelesen worden sind[35]. Für die Situation des öffentlichen Vortrags inmitten der Gemeinde ist auch der Phlm bestimmt; hier haben die verschiedenen Titel und Epitheta, mit denen Absender und Adressaten von Paulus bedacht werden, ihren guten Sinn, und der gesondert vorgetragene Segenswunsch wirkt als eine den Briefsteller und seine Adressaten verbindende Eröffnung und Anrufung jener Gnade Gottes, von der die Christen einzeln und die Gemeinde insgesamt leben. Die von Paulus sogar in unserem kleinen Brief eingehaltene briefstellerische Konvention hat somit eine wohlüberlegte, auf die Zuhörergemeinde abgestellte, kerygmatische Funktion.

Während Paulus sich sonst in seinen Briefen als »Sklave Christi Jesu« und »berufener Apostel« (Röm 1,1) oder nur als »Apostel Christi Jesu« (2 Kor 1,1) bzw. »Apostel« (Gal 1,1) bezeichnet, nennt er sich in Phlm 1 δέσμιος Χριστοῦ Ἰησοῦ, d. h. Gefangener Christi Jesu. Dieser auffällige Ausdruck hat schon in der handschriftlichen Überlieferung zu Korrekturen nach dem sonst gewohnten paulinischen Ausdrucksschema Anlaß gegeben[36], ist aber sicher ursprünglich und führt schon im ersten Vers die dann in V 9 und 13 erneut ins Bewußtsein gerufene Lage, in der Paulus sich befindet, vor Augen. Er schreibt den Brief als einer, der um seines Missionsdienstes willen gefangen ist. Aus dem Phlm läßt sich nicht erkennen, ob und inwieweit Paulus sich dabei speziell als Märtyrer empfindet[37]. Wenn er aber in 2 Kor 2,14 von sich selbst sagt, er

---

[35] Zur Verlesung von Paulusbriefen vgl. Kol 4,16f und die Hinweise von *F. Hahn*, Der urchristliche Gottesdienst, SBS 41, 1970, 64.

[36] Die Minuskeln 322 und 605 lesen δοῦλος, und der Claromontanus in der Ursprungsfassung ἀπόστολος.

[37] So *E. Lohmeyer*, Komm. 174 und vor allem in seinem Philipperkommentar: Der Brief an die Philipper, Meyer K 9. Abtlg., ⁹1953. 5. 35f und passim. Die bekannten Peristasenkataloge in den Paulusbriefen legen es m. E. näher, daß der Apostel seine Leiden allgemeiner vom alttestamentlich-jüdischen Schema des leidenden Gerechten her verstanden hat. Vgl. zum Problem *E. Lohse*, Märtyrer und Gottesknecht, FRLANT 64, ²1963, 200f. *E. Güttge-*

werde von Christus wie ein Gefangener im Triumphzug mitgeführt, bietet dies
eine gute Möglichkeit, den Ausdruck auf das Amt des Paulus zu beziehen. Der
Apostel ist Gefangener als Diener und Verkündiger des Christus. Mit Paulus
zusammen erscheint – ohne deshalb auch Mitverfasser des Briefes zu sein –
Timotheus als Mitabsender. Timotheus, einer der für Paulus allerwichtigsten
und verläßlichsten unter seinen Mitarbeitern (vgl. nur Phil 2,19ff), Sohn einer
jüdischen Mutter und eines heidnischen Vaters, deshalb als geborener Jude geltend und von Paulus um des missionarischen Zugangs zur Synagoge willen be-
schnitten (Apg 16,1ff), hat, wie Apg 19,22 zeigt, einen Teil des ephesinischen
Aufenthaltes des Paulus miterlebt und war wahrscheinlich von daher auch dem
Philemon und seinen Angehörigen bekannt. Wahrscheinlich wird er hier mit
aufgeführt, weil auch er hinter der in unserem Brief angeführten Bitte des
Apostels steht. Das Epitheton ἀδελφός = christlicher Bruder bezeichnet ihn
jedenfalls als Mitchristen und Mitarbeiter in der großen Bruderschaft, welche
die christliche Gemeinde darstellt. –
Als eigentlicher Empfänger des Briefes erscheint Philemon. Der in der Antike
gebräuchliche Name verrät über die Abstammung des Mannes nichts[38]. Wenn
Paulus ihn als »unseren Geliebten und Mitarbeiter« bezeichnet, heißt das, daß
er sich dem Philemon in der Liebe Christi verbunden weiß und ihn zugleich als
einen Diener des Evangeliums würdigt; Paulus und Philemon arbeiten gemein-
2   sam für die Sache Christi[39]. Zusammen mit Philemon wird Apphia angesprochen, und zwar als christliche Mitschwester. Der ebenfalls häufig nachweisbare
Name ist sogar auf einer kolossischen Grabinschrift bezeugt[40] und dürfte die
Frau des Philemon nennen[41]. Die Frau des Philemon in der Frage unseres Briefes mitanzusprechen, war ausgesprochen sinnvoll. »Da die Frauen es damals wie
heute weithin mit den Geschäften im Hause zu tun hatten, geht es auch sie an,
was Paulus über den Sklaven Onesimus zu berichten hat«[42]. Ob der anschließend genannte Archippus der erwachsene Sohn des Philemon gewesen ist[43]
oder eine andere hervorgehobene Stellung in der Hausgemeinde eingenommen

---

manns, Der leidende Apostel und sein Herr,
FRLANT 90, 1966, 195ff und passim; zuletzt
W. *Schrage,* Leid, Kreuz und Eschaton. Die
Peristasenkataloge als Merkmale paulinischer
theologia crucis und Eschatologie, EvTh 34,
1974, 141–175, bes. 154ff.
[38] Zum Namen Philemon vgl. W. *Bauer,*
Wb⁵ 1699f und *J. B. Lightfoot,* Komm. 301ff.
[39] Nach Kol 2,1 war Paulus selbst nicht in Kolossä. Philemon könnte aber mit dem Apostel
während dessen langen Aufenthaltes in Ephesus zusammengetroffen und dort auch von
Paulus für den Glauben an Christus gewonnen
worden sein (vgl. V 19). Seither ist Philemon
auf seine Weise für das Evangelium tätig.
[40] Die Inschrift, die natürlich nicht direkt mit
der in unserem Brief erwähnten Apphia in Zu-

sammenhang gebracht werden kann, bei H.
Greeven, Komm. 111 (Beilage 6) und E. *Lohse,*
Komm. 267 Anm. 7. Zum Namen Apphia vgl.
W. *Bauer,* Wb⁵ 204 und J. B. *Lightfoot,*
Komm. 304ff.
[41] So mit den alten Kommentatoren *J. B.
Lightfoot,* Komm. 304; *M. Meinertz,* Komm.
115; *E. Lohmeyer,* Komm. 171; *G. Friedrich,*
NTD, 191; *E. Lohse,* Komm. 267 usw.
[42] *G. Friedrich,* NTD, 191.
[43] So mit Theodor von Mopsvestia *J. B.
Lightfoot,* Komm. 306. Aber schon Chrysostomus nennt Archippus nur »irgendeinen anderen Freund« (ἕτερόν τινα φίλον) des Paulus
(MPG 62, 704). Die Beziehung des Archippus
zu Philemon und Apphia war also schon alt-
kirchlich nicht mehr klar.

hat[44], ist nicht mehr auszumachen. In der dem Apostel und den urchristlichen Missionaren zugemuteten militia Christi erscheint Archippus jedenfalls als Mitstreiter. Phil 2,25 zeigt, daß συνεργός und συστρατιώτης für Paulus sinnverwandte Ausdrücke sind. Nach Kol 4,17 ist Archippus in Kolossä ansässig gewesen. Da dasselbe nach Kol 4,9 auch von Onesimus gilt, wird man Philemon und die in seinem Hause versammelte, vom Apostel abschließend insgesamt angesprochene Hausgemeinde am besten ebenfalls in (oder bei) Kolossä suchen dürfen. Christliche Hausgemeinden kennen wir seit Existenz der Jerusalemer Urgemeinde (vgl. Apg 2,46; 5,42). Sie treten auch in den Paulusbriefen in Erscheinung (Röm 16,5; 1 Kor 16,19; Kol 4,15) und umfassen (mindestens) die (Groß-)Familie als Lebens- und Glaubensgemeinschaft (s. S. 70ff im Exkurs). Diese Gemeinschaft hier ausdrücklich mit anzureden war für Paulus ebenso wichtig wie die Erwähnung der Hausfrau, weil die Wiederaufnahme des flüchtigen Onesimus natürlich die Offenheit und Liebe aller Hausgenossen voraussetzte und erforderte. Die Anrede der Hausgemeinde macht gleichzeitig deutlich, daß der in unserem Brief verhandelte Problemfall keine Privatangelegenheit des Philemon, sondern eine Herausforderung an die Gemeinde insgesamt ist.

Mit dem für Paulus typischen Segensgruß wird für alle Adressaten gleichzeitig 3 jene Gnade erbeten und eröffnet, kraft deren sie, den Apostel eingeschlossen (vgl. 1 Kor 15,10), als Christen leben (Röm 3,23ff). Der zugleich erbetene und eröffnete Friede meint, wie Röm 5,1 zeigt, das Leben in der Gnade, den Stand der Offenheit Gottes gegenüber den Glaubenden und der Glaubenden gegenüber ihrem Gott. Mit dem doppelten Segenswunsch steht alles, was der Apostel im folgenden vorzutragen hat, im Zeichen der die Christen untereinander und mit Gott verbindenden, ihr Dasein im Glauben tragenden gnädigen Treue Gottes.

2. V 4–7 Danksagung und Fürbitte (Proömium)

4 Ich danke meinem Gott jedes Mal, wenn ich bei meinen Gebeten deiner gedenke, 5 höre ich doch von deiner Liebe und dem Glauben, die du gegenüber dem Herrn Jesus und für alle Heiligen hegst; 6 möge deine Teilhabe am Glauben sich auswirken in der Erkenntnis alles Guten, das in uns ist, auf Christus hin. 7 Ich habe nämlich viel Freude und Trost an deiner Liebe gehabt, weil die Herzen der Heiligen durch dich, Bruder, erquickt worden sind.

[44] *E. Lohmeyer*, z. St. hält unter Hinweis auf Phil 2,25; 4,3 und Röm 15,30 συστρατιώτης für eine speziell Gemeindeführern zugedachte Prädikation und schließt daraus, Archippus sei zur Zeit des Kol und Phlm »an der Stelle des Epaphras Leiter der Gemeinde zu Kolossae« gewesen. Kritisch zu dieser Konstruktion *E. Lohse*, Komm. 268. Aus der Erwähnung des Archippus im Präskript des Phlm kann man nur schließen, daß er in einem besonderen Verhältnis zur Hausgemeinde des Philemon steht.

Mit einem wohlüberlegten Proömium setzt der eigentliche Briefteil ein. Es umfaßt eine Danksagung gegenüber Gott, die Fürbitte für Philemon und eine persönliche Freudenbekundung des Apostels. Den Brief mit einem solchen Proömium zu beginnen, setzt wiederum einen bewußten Formwillen voraus[45]. In der Situation der öffentlichen Verlesung des Paulusbriefes im Kreis der Hausgemeinde hat dieser Briefteil nicht nur den Sinn, die in V 8ff thematisch geäußerte Bitte um Wiederaufnahme des Onesimus vorzubereiten, sondern er möchte zugleich den jetzt speziell angeredeten pater familias, Philemon, bei seinem bekannt guten Christenstand behaften. Wer eben eine öffentliche Danksagung für seine christliche Großmut vor Gott und Menschen erfahren hat, wird dieses Sein in der Gnade bewähren und nicht sogleich wieder verleugnen wollen[46].

4   Der vom Apostel in V 4 ausgesprochene Dank für das rühmliche Verhalten des Philemon richtet sich an Gott, weil Gott eben dieses Tun begründet und ermöglicht hat (vgl. Phil 2,13). Von Philemon und für Philemon vor Gott zu sprechen, ist also nicht nur briefstellerische Sitte, sondern entspricht auch dem Verständnis, das der Apostel vom Dasein der an Christus Glaubenden überhaupt entworfen hat. Gott als »meinen Gott« anzusprechen, ist Frömmigkeitsstil des Psalters[47]. Das Zeitadverb πάντοτε = »allenthalben, jedes Mal, immer« ist am besten zu μνείαν σου ποιούμενος zu ziehen: Paulus dankt Gott jedes Mal, wenn er Philemon in seinen Gebeten erwähnt.

5   V 5 gibt den Grund des Dankes an. Paulus hat von der Glaubenstreue und der tätigen Liebe des Philemon erfahren. Da es gegenüber Onesimus um die Bewährung und den Neuerweis dieser Liebe geht, stellt Paulus nicht den Glauben, sondern die Liebe in V 5 voran. So entsteht eine – bei Paulus auch sonst anzutreffende[48] – chiastische Satzanordnung, welche vom Claromontanus, der Minuskel 69 und anderen Zeugen (wahrscheinlich nach dem Muster von Kol 1,4; Eph 1,15 u. a.) wieder aufgelöst wird. Die abkürzende, auf ἀγάπη und πίστις gleichzeitig zu beziehende Inversion ἣν ἔχεις[49] ist ein Stilmittel, welches im Proömium eine geraffte Ausdrucksweise gestattet. Solcher Ausdruckswille zeigt sich auch daran, daß Paulus in Anlehnung an die Septuaginta und die Formelsprache der Bekehrungspredigt von der πίστις πρὸς τὸν κύριον Ἰησοῦν spricht (vgl. 4 Makk 15,24; 16,22 und 1 Thess 1,8), statt, wie sonst üblich, πίστις mit εἰς zu konstruieren. Verständlicherweise haben wieder einige Textzeugen (ACD* u. a.) dieses πρός in εἰς abgeändert. Den Emp-

---

[45]   Vgl. P. *Schubert*, Pauline Thanksgivings, 10ff. Speziell zu Phlm 4–6 vgl. 12. 183f. Hellenistische Briefbeispiele nennt E. *Lohse*, Komm. 40f. 270.

[46]   Das Proömium ist in der Tat alles andere als zweckfrei. Es handelt sich um eine zielstrebige Vorbereitung der Bitte des Paulus in konventionellem Gewand; vgl. A. *Suhl*, Philemonbrief, 271f.

[47]   Vgl. neben Phil 1,3 folgende Septuagintapsalmen: 3,8; 5,3; 7,2.4; 21,2 usw.; ferner E. *Lohmeyer* und E. *Lohse*, Komm. z. St.

[48]   Vgl. *Blaß-Debrunner*[14], § 477.

[49]   »Korrekt, aber schwerfällig würde es heißen: τὴν ἀγάπην ἣν ἔχεις εἰς πάντας τοὺς ἁγίους, καὶ τὴν πίστιν ἣν ἔχεις πρὸς τὸν κύριον Ἰησοῦν«, E. *Lohmeyer*, Komm. 177 Anm. 3.

fänger der Liebe mit εἰς (πάντας τοὺς ἁγίους) zu bezeichnen, ist geläufiger paulinischer Stil (vgl. z. B. 1 Thess 3,12; 2 Kor 2,8; Röm 5,8).

Indem der Apostel vor allem anderen betont, er habe die »allen Heiligen«, d. h. den Mitchristen ohne Unterschied erwiesene Liebe des Philemon rühmen hören, nennt er bewußt ein Stichwort, das im Brief dann ständig wiederkehrt (V 7.9.16). Diese tätige Nächstenschaft ist, wie Gal 5,6 zeigt, Ausdruck und Konkretion der πίστις des Philemon, eines Glaubens, über den Paulus ebenfalls Lobendes zu hören bekommen hat. Beides zusammen ist Grund genug, des Philemon im Gebet voller Dank zu gedenken.

Obwohl ein verbum finitum fehlt und sinngemäß erst aus den προσευχαί von 6 V 4 erschlossen werden muß[50], ergibt der stilistische Vergleich mit anderen paulinischen Briefproömien eindeutig, daß mit ὅπως der Inhalt der Fürbitte angegeben wird[51]. Der recht umstrittene Text unseres Verses wird von Nestle-Aland (26. Aufl.) und dem Greek New Testament (3. Aufl.) in der erreichbaren Ursprungsfassung geboten: Es ist also weder erforderlich, mit G und anderen παντὸς ἀγαθοῦ als παντὸς ἔργου ἀγαθοῦ zu deuten, noch auch mit AC den zu ἀγαθοῦ gehörigen Artikel zu streichen, noch auch das ἐν ἡμῖν, das Paulus mit einschließt, in ein briefstellerisches ἐν ὑμῖν abzuschwächen (vgl. Röm 8,4)[52]. Die Abschlußwendung εἰς Χριστόν ist, wie in Röm 16,5; 2 Kor 1,21 und 11,3 auch, eine Zielbestimmung und auf ἐνεργὴς γένηται zu beziehen. Man kann sie dann mit Lohse[53] verstehen als »zur Ehre Christi« oder mit Meinertz deuten: »und zwar in der Richtung auf Christus hin, d. h. in der Förderung seines Interesses«[54]. Vergleicht man die Formel aber, wie es geboten ist, mit den sonst von Paulus in seinen Proömien gewählten Formulierungen, besonders mit 1 Kor 1,7 und Phil 1,6, gewinnt sie eschatologischen Sinn: zur Ehre und angesichts des kommenden Christus[55].

Die Fürbitte des Paulus richtet sich darauf, daß die Anteilschaft, die Philemon am Glauben hat, in seiner Glaubenserkenntnis wirksam werde. κοινωνία τῆς πίστεως meint hier, wie Phil 1,5 erläutern hilft, die Anteilhabe an der den Christen als Heilsweg eröffneten πίστις[56]. Philemon hat teilgewonnen an dem

[50] Vgl. *H. Greeven*, Komm. 103 und *E. Lohse*, Komm. 269. 271.

[51] Vgl. *P. Schubert*, Pauline Thanksgivings, 12ff und Phil 1,9; Kol 1,9.

[52] »Das von ACKoineD al bezeugte ἡμῖν wird . . . als ursprünglich anzusehen sein, da es aus der Anrede des Kontextes herausfällt und von Paulus gewählt ist, weil er sich mit den Empfängern in der einen ἐπίγνωσις verbunden weiß«, *E. Lohse*, Komm. 272 Anm. 1.

[53] Komm. 273.

[54] Komm. 116.

[55] Vgl. *U. Wickert*, Philemonbrief, 230 Anm. 2. Diese Deutung fügt sich dem grammatisch-teleologischen Sinn der Formel gut ein. Da Hinweise auf die Parusie Christi als des Richters und Retters in den paulinischen Briefproömien wiederholt auftauchen, darf man das

eschatologische εἰς Χριστόν nicht mit *A. Suhl*, Philemonbrief, 271 als besonderes stilistisch-raffiniertes Druckmittel des Apostels gegenüber Philemon werten. Im Kontext unseres Proömiums hat die Wendung keinen speziell drohenden, sondern vielmehr missionarischen Charakter.

[56] So mit *E. Lohse*, Komm. z. St., *F. Hauck*, ThW III 805, 17ff u. a. Da Paulus die πίστις z. B. auch in Gal 3,23 als eine nicht in des Menschen Möglichkeit stehende Heilswirklichkeit versteht, ist der Ausdruck sachlich konsequent und klar. Hier tritt also wieder jene Dimension des paulinischen Glaubensgedankens hervor, die *E. Käsemann*, An die Römer³, 20.101ff bei mir, E. Jüngel u. a. überzeichnet findet. Man braucht deshalb κοινωνία τῆς πίστεως nicht mit *M. Meinertz*, Komm. z. St. auf »die Ge-

neuen Sein, das der Glaube ist, und diese seine Glaubensexistenz soll sich bewähren und wirksam werden in seiner Glaubenserkenntnis. ἐπίγνωσις bezeichnet schon in der Septuaginta die Gotteserkenntnis, schließt von daher das intellektuelle Verstehen und das existentielle Anerkennen ein und ist als solcher Ausdruck von Paulus übernommen worden (vgl. Röm 1,28; Phil 1,9)[57]. Was sich der von Paulus für Philemon erhofften Glaubenserkenntnis erschließen soll, ist all das Gute, das in uns ist. Der Ausdruck meint, wie besonders deutlich Röm 12,2 und Gal 6,10 lehren, den Willen Gottes[58]. Dieser Gotteswille aber ist in dem Maße ein den Christen beigelegtes und sogar in sie hinein gelegtes Phänomen, als sie in Christus und im Geiste leben. Alttestamentlich gesprochen: als für sie die neue Wirklichkeit des ins Herz geschriebenen, geistlichen Gesetzes angebrochen und die Zeit der alten, von außen andrängenden und verdammenden Wirklichkeit des (mosaischen) Gesetzes vergangen ist (vgl. Jer 31,31ff und bei Paulus selbst Röm 8,3f; Gal 2,20; 5,6[59]). Philemon soll also im Glauben erkennen und anerkennen, zu welchem Maß an Güte und Liebe Gott die Christen berufen und befähigt hat, und diese seine Erkenntnis soll wirksam werden zur Ehre und im Interesse Christi. Sie soll also tatkräftig bestätigen, daß Christus Herr der Gemeinde ist und der kommende Gebieter über die Welt sein wird. Während verschiedene Kommentatoren die Undeutlichkeit der Formulierung beklagen[60], ist sie in Wahrheit doch recht konkret. Wenn nämlich Philemon, der hier in erster Linie (öffentlich) angesprochen ist, wirklich nachvollzogen hat, worum Paulus Gott bittet, kann er gegenüber Onesimus nur noch im Sinne der Liebe handeln, die der Wille Gottes ist, und genau dies möchte unser Satz auch erreichen. Philemon wird eingeladen, aus der Liebe Gottes heraus in Liebe zu handeln. V 7 unterstreicht dies noch einmal, und V 14 greift es später wieder auf.

7 Paulus hat von der Liebe erfahren, die Philemon den »Heiligen«, d. h. den Christen (vgl. Röm 1,7; 1 Kor 1,2; 2 Kor 1,1 usw.), erwiesen hat. Diese Liebe,

---

meinschaft, die der Glaube zwischen Philemon und den Christen geschaffen hat«, zu deuten. Diese Interpretation ist von 1 Kor 1,9; Gal 2,9 her zwar möglich, erschwert aber dann eine präzise Beziehung von κοινωνία τῆς πίστεως σου und ἐνεργὴς γένηται ganz erheblich (vgl. Anm. 60).

[57] Zum Sprachgebrauch der Septuaginta: R. *Bultmann*, ThW I 706, 35ff. Im Blick auf Röm 1,28 und die sich in 1 Tim 2,4; Tit 1,1 und 2; Tim 2,25; 3,7 technisch verfestigende Redeweise von ἐπίγνωσις fügt er hinzu: »Das theoretische Moment der ἐπίγνωσις tritt in all diesen Fällen hervor, jedoch ist immer vorausgesetzt, daß die christliche Erkenntnis eine entsprechende Lebenshaltung einschließt« (a.a.O. 706, 31ff). Vgl. zum Problem und unserer Stelle auch M. *Dibelius*, ἐπίγνωσις ἀληθείας, in: Botschaft und Geschichte II, 1956, ⟨1–13⟩ 6.

[58] (πᾶν) ἀγαθόν als Bezeichnung des Gotteswillens schon in der Septuaginta, z. B. Ps 33,11.15; 36,27; 52,2.4; Sir 17,7 usw. E. *Lohse* weist außerdem hin auf 1 QS 1,2; 4,26 und 1 QSa 1,10f (Komm. 272 Anm. 2).

[59] Zu der in diesem Sinne zu interpretierenden Gesetzesdialektik des Paulus vgl. meinen Aufsatz: Das Gesetz als Thema biblischer Theologie, ZThK 75, 1978, (251–280) 274ff.

[60] So z. B. H. *Greeven*, Komm. 103: »Daß bei dieser Bitte schon der Wunsch mitklingt, Philemon möge seine ἐπίγνωσις durch Wiederaufnahme des Onesimus beweisen, ist wahrscheinlich, aber im Bereich der ›festen‹ Briefeingangsformel nicht auszumachen.« Oder M. *Meinertz*, Komm. 116: »Der Gedanke dieses Verses ist nicht so durchsichtig, daß er mit voller Sicherheit zu bestimmen wäre.«

die sich bis hin zu Paulus herumgesprochen hat[61], bedeutet für ihn selbst große Freude und tröstende Ermunterung παράκλησις, und sie hat die von dieser Liebe betroffenen Mitchristen zuinnerst erquickt. Mit τὰ σπλάγχνα wird, dem Sprachgebrauch der Septuaginta analog, bei Paulus der ganze Mensch in seinem Empfindungsvermögen, insbesondere aber in seiner Liebesfähigkeit bezeichnet[62]. Der Ausdruck ist ein unseren Brief entscheidend prägendes Stichwort (vgl. V 12.20) und kennzeichnet die persönliche Dimension, in der er gehalten ist[63]. Mit dem Hinweis auf das gleichsam durch die bereits bekannte Liebe des Philemon schon gesetzte Maß seines zukünftigen Handelns und der betont herzlichen Anrede »Bruder«[64] schließt das Proömium. Es hat in der Sache schon umrissen, worum es im folgenden praktisch gehen wird.

3. V 8–20 Hauptteil

8 Darum, obwohl ich in Christus alles Recht hätte, dir zu gebieten, was sich gebührt, 9 bitte ich doch lieber um der Liebe willen, so wie ich eben bin: Paulus, Gesandter, nun aber auch noch Gefangener Christi Jesu. 10 Ich bitte dich für mein Kind, das ich in der Haft gezeugt habe, für Onesimus, 11 der früher für dich unnütz war, nunmehr aber dir und mir sehr nützlich ist, 12 den ich dir hiermit zurückschikke, ihn, das heißt mein eigenes Herz. 13 Ich hätte ihn gern bei mir behalten, damit er mir an deiner Statt diene in der Haft um des Evangeliums willen, 14 aber ohne dein Einverständnis wollte ich nichts tun, damit deine gute Tat nicht erzwungenermaßen, sondern aus freien Stücken geschehe. 15 Denn vielleicht ist er ja deshalb eine Zeitlang von dir getrennt gewesen, damit du ihn für alle Zeit zurückerhältst, 16 nicht mehr als einen Sklaven, sondern als einen, der mehr ist als ein Sklave: ein geliebter Bruder, schon ganz besonders für mich, um wieviel mehr dann aber noch für dich, sowohl im Fleisch als auch im Herrn. 17 Wenn du nun mich zum Gefährten hast, dann nimm ihn auf wie mich. 18 Wenn er dich aber geschädigt hat oder dir etwas schuldig ist, dann setze dies mir auf die Rechnung. 19 Ich, Paulus, schreibe es hiermit eigenhändig nieder: Ich werde Schadenersatz lei-

---

61 Zur Art der Paulus zukommenden Berichte vgl. *J. Jervell*, The Problem of Traditions in Acts, in: Luke and the People of God, Minneapolis 1972, 19–39. Da Paulus selbst nicht ausführt, was Philemon getan hat – der angeschriebenen Hausgemeinde war dies selbstverständlich deutlich –, kann man sich aus 1 Kor 13; Röm 16,3ff oder Phil 4,10ff einen Begriff von einer im Sinne des Paulus rühmenswerten ἀγάπη machen.

62 Vgl. *H. Koester*, ThW VII 555,12ff.
63 *E. Lohse*, Komm. 273 (nach *H. Koester*, a.a.O. 555,29ff).
64 Auch in dieser Anrede ist im Blick auf V 16 mehr als eine bloß briefstellerische Floskel zu sehen. Die persönliche Anrede als Mitchrist hat etwas Verpflichtendes.

sten – ohne jetzt davon zu sprechen, daß du dich ja mir auch selbst schuldest. 20 Ja, Bruder, ich möchte deiner froh werden im Herrn. Erquicke mein Herz in Christus!

Der nunmehr einsetzende eigentliche Hauptteil des Briefes, in dessen Mitte die Bitte um die liebevolle Wiederaufnahme des entlaufenen Onesimus steht, reicht bis V 20 und umfaßt folgenden, rhetorisch abgestuften Gedankengang. In V 8–12 beschreibt Paulus zunächst kurz, worum es geht: Ohne von seiner apostolischen Autorität direkten Gebrauch zu machen, bittet der Apostel für den von ihm bekehrten, flüchtigen Onesimus und sendet ihn mitsamt dem Phlm zu Philemon zurück. In V 13–16 präzisiert Paulus diesen seinen Entschluß: Onesimus war bei ihm, wäre dem Apostel auch weiterhin recht nützlich gewesen, doch wollte Paulus den Rechten und der Freiheit des Philemon gegenüber dem Mann nicht einfach vorgreifen. Philemon erhält den Mann also zurück, freilich anders als erwartet, nämlich als christlichen Bruder und Gemeindegenossen. V 17–20 konkretisieren die Bitte des Paulus dann endgültig: Philemon möge den Onesimus aufnehmen wie Paulus selbst und, wenn nötig, die Bürgschaft des Paulus auf Schadenersatz gelten lassen. – Wieder formuliert der Apostel seine Sätze höchst reflektiert und bedächtig. Er faßt sie bewußt persönlich und stellt seine eigenen Wünsche und Hoffnungen hinter der vordringlichen Bitte zurück, daß Onesimus eine gute Aufnahme finden soll. Der Hauptteil des Briefes zielt somit ganz ab auf eine christliche Neubegegnung des Philemon mit seinem einst als »Nichtsnutz« geltenden Sklaven Onesimus. Zeugen dieser Begegnung sind Paulus selbst (der anschließend in V 22 sogar sein Kommen ankündigt), die Angehörigen der in V 2 mit angesprochenen Hausgemeinde des Philemon und schließlich auch die in V 1 und 23f aufgeführten, Philemon bekannten Mitarbeiter des Paulus. Was und wie Philemon entscheidet, vollzieht sich also vor den Augen etlicher, z. T. sogar recht prominenter Mitchristen[65].

8   Mit der zur folgernden Verknüpfung dienenden Konjunktion διό leitet Paulus über zum Hauptteil. Die Verbindung zum Proömium braucht nicht logisch streng gefaßt zu werden[66], sondern dürfte locker sein[67]. Das Partizip ist konzessiv zu übersetzen[68]: Paulus könnte durchaus gegenüber Philemon von sei-

---

[65]   A. *Suhl*, Philemonbrief, 277f weist mit Recht darauf hin, daß Philemon die Bitte des Paulus nicht als Privatsache behandeln kann. Paulus nötigt ihn vielmehr, sich der Angelegenheit vor den Augen der Hausgemeinde, des Paulus selbst und seiner Mitarbeiter, also vor einer gewissen christlichen »Öffentlichkeit«, zu stellen.

[66]   J. B. *Lightfoot*, z. B. paraphrasiert Komm. 335: »Encouraged by these tidings of

thy loving spirit, I prefer to entreat, where I might command«.

[67]   So mit E. *Lohmeyer*, Komm. 183: »Die Partikel leitet . . . verbindlich und liebenswürdig über und läßt es noch unausgesprochen, was Paulus zu seiner Bitte bewegt.« Ebenso E. *Lohse*, Komm. z. St. Vgl. auch W. *Bauer*, Wb⁵ 394.

[68]   C. F. D. *Moule*, Idiom Book², 102. Vgl. auch seinen Kommentar, 144.

ner apostolischen ἐξουσία Gebrauch machen[69] und ihm »befehlen«, zu tun, was in Christus an der Zeit und Pflicht des Christen ist. Diese ungewöhnlich starke Ausdrucksweise erklärt sich, wenn man bedenkt, daß Paulus sich als Apostel gegenüber seinen Gemeinden in einer besonderen, von Gott gesetzten Autoritätsstellung weiß (vgl. Gal 1,11ff; 2,8; Röm 1,1ff, 14f; 11,13ff; 15,15ff), immer wieder um dieses apostolische Recht kämpft (vgl. 1 Kor 9,1ff; 2 Kor 11,1ff) und es in Auseinandersetzungen auch mit allem Nachdruck zu vertreten wagt (vgl. 1 Kor 5,3ff; 2 Kor 13,10). Aus diesem Recht erwachsen dann seine konkreten Anordnungen (in 1 Kor 7,6 nur angedeutet, in 7,17; 11,34; 16,1 praktisch geplant und durchgeführt)[70]. Dementsprechend deutet Paulus hier mit dem sonst bei ihm ungebräuchlichen, massiven ἐπιτάσσειν[71] die Möglichkeit einer definitiven Anordnung an und weist in V 19 darauf hin, daß Philemon seine christliche Existenz dem Apostel verdankt (also ihm gegenüber besondere Verpflichtungen hat). Ob V 21 mit dem Stichwort »Gehorsam« auch hierher gehört, wird sich noch zeigen. τὸ ἀνῆκον meint in der Profangraecität und der Septuaginta »das, was sich gebührt«, »die Pflicht«, und wird auch hier in V 8 als Ausdruck der Verpflichtung (nämlich zur Liebe, vgl. oben V 6) gebraucht[72]. Nun kann Paulus freilich auch bewußt auf seine apostolischen Vorrechte verzichten. Tut er dies in 1 Kor 9,15ff (2 Kor 11,7ff) um der 9 Freiheit seiner Evangeliumsverkündigung willen, so hier um der Liebe willen, d. h. um die Freiheit zur Liebe einzuräumen und zu wahren. Statt zu befehlen, entschließt sich Paulus darum lieber zur Bitte[73]. Um diese Bitte zu bekräftigen, weist Paulus geschickt auf sein Amt und seine Lage hin: Er ist Gesandter Jesu Christi und dazu noch um seines Dienstes willen gefangen (vgl. V 1). πρεσβύτης kann in der Septuaginta gelegentlich den Boten oder Gesandten bezeichnen (vgl. 1 Makk 14,22; 15,17 ⟨beide Sinaiticus⟩; 2 Makk 11,34; 2 Chr 32,21 ⟨Va-

---

[69] παρρησία = Freiheit, Freimut ist hier Äquivalent für ἐξουσία, vgl. 2 Kor 10,8; 13,10; *H. Schlier*, ThW V 881,35f und *H. Gülzow*, Christentum und Sklaverei, 37 Anm. 2.
[70] Zu Phänomen und Problem des paulinischen Apostolates vgl. *H. Frhr. v. Campenhausen*, Kirchliches Amt und geistliche Vollmacht in den ersten drei Jahrhunderten, BHTh 14, ²1953, 32–58; *J. Roloff*, Apostolat – Verkündigung – Kirche, 1965, 38–137; *O. Kuss*, Paulus, 273ff und zuletzt *E. Käsemann*, An die Römer³, 3f. 378ff.
[71] In den Synoptikern erscheint das Verbum vom Befehl Jesu an die Dämonen: Mk 1,27 par.; 9,25; vom Hinrichtungsbefehl des Herodes in Mk 6,27; vom Befehl des Herrn an den Sklaven Lk 14,22 (vgl. ähnlich Apg 23,2). Ignatius bezeichnet aus der Rückschau des 2. Jh.s auch die Apostel als Gebieter: »οὐχ ὡς Πέτρος καὶ Παῦλος διατάσσομαι ὑμῖν. ἐκεῖνοι ἀπόστολοι, ἐγὼ κατάκριτος· ἐκεῖνοι

ἐλεύθεροι, ἐγὼ δὲ μέχρι νῦν δοῦλος« (Ign Röm 4,3). *E. Lohmeyer*, Komm. 183 resümiert den Tatbestand treffend: Das Wort »erfüllt seinen Sinn nur dort, wo der Gedanke einer unbedingten, Gehorsam erzwingenden Gewalt gesetzt ist«.
[72] Vgl. *H. Schlier*, ThW I 361,30ff und *E. Lohse*: »Der Ausdruck wird aus der hellenistischen Popularphilosophie über die hellenistische Synagoge in die christliche Paränese Eingang gefunden haben«, Komm. 225 Anm. 1 (zu Kol 3,18).
[73] »Daß παρακαλεῖν, auch wo es *mahnen* meint, den Ton der Bitte hat, zeigt Phlm 8f, wo es von ἐπιτάσσειν ausdrücklich unterschieden wird, u(nd) als Ausfluß der Liebe erscheint«, *O. Schmitz*, ThW V 792 Anm. 166. Ebenso *C. J. Bjerkelund*, PARAKALO, 119 und *E. Lohse*, Komm. 276f.
[74] Die Stellen nach *G. Bornkamm*, ThW VI 683 Anm. 2.

ticanus$\rangle$)[74] und dürfte auch hier den Apostel offiziell als Boten Christi meinen[75]. Wie in 2 Kor 5,20 (Eph 6,20) bezeichnet sich Paulus als mit dem Dienst
der missionarischen Verkündigung betraut. Da er wegen seines Auftrages in
Gefangenschaft und Leiden geraten ist, verdient seine Bitte um so mehr Gehör
(vgl. 2 Kor 6,3ff.). So verstanden, fügt sich V 9 noch besser in den Kontext ein,
als wenn man, philologisch korrekt und Tit 2,2; Lk 1,18 folgend, mit »alter
Mann« übersetzt[76]. Es geht dem Apostel in V. 9f. um einen Wunsch, den er
mit seiner ganzen Autorität vertritt.

10   παρακαλῶ περί bedeutet nach dem Fortgang unseres Briefes »bitten für« und
nicht, wie Knox möchte, »bitten um«[77]. Paulus bittet für sein geistliches Kind,
das er in der Haft gezeugt, d. h. für den christlichen Glauben gewonnen hat.
Von der damit in den Blick kommenden geistlich-apostolischen Vaterschaft
spricht Paulus auch in 1 Kor 4,14f (und unten in V 19)[78]. Sie hat ihre eigentliche Analogie nicht direkt in der Mysterienfrömmigkeit, obwohl auch dorthin
terminologische Anklänge bestehen[79], sondern in der sowohl im Rabbinat[80] als
auch in Qumran bezeugten geistlichen Vaterschaft des Lehrers gegenüber dem
Schüler[81]. Wie dort, ist auch bei Paulus der Gedanke der Lehrübermittlung
und Glaubenseröffnung mit dem Gedanken der Neuschöpfung verbunden (vgl.
2 Kor 5,17; Gal 5,6; 6,14ff)[82]. Das geistliche Kind des Paulus ist also ein in seinem Sein und Denken verwandeltes, neugewordenes Geschöpf, und für dieses
bittet er. Sein Name: Onesimus. Vermutlich hat es Philemon (und die Seinen)

---

[75] So z. B. *J. B. Lightfoot*, Komm. 335;
C. F. D. Moule, Komm. 144; *E. Lohmeyer*,
Komm. 185; *Th. Preiss*, Vie en Christ, 70; *U.
Wickert*, Philemonbrief, 233 Anm. 8; *C. J.
Bjerkelund*, PARAKALO, 119f; *H. Gülzow*,
Christentum und Sklaverei, 38 Anm. 6; *A.
Suhl*, Philemonbrief, 272 u. *J. Ernst*, RNT,
133f.
[76] So die erste Auflage mit *E. Lohse*, Komm.,
277f und *G. Bornkamm*, ThW VI 683,2ff. Nach
der geläufigsten Altersrechnung ist ein πρεσβύτης ein Mann von etwa 49–56 Jahren (vgl.
H. Greeven, Komm. 104).
[77] *J. Knox*, Philemon, 20; gegen Knox *C. J.
Bjerkelund*, PARAKALO, 120f; *E. Lohse*,
Komm. 278 Anm. 2 (unter Hinweis auf 1 Kor
16,12; 2 Kor 12,8) und *A. Suhl*, Philemonbrief, 272.
[78] Vgl. *H. Conzelmann*, I Kor 110f mit Hinweis darauf, daß für Paulus diese »Vaterschaft
kein bloßes Bild ist; sie ist reale, ›geistliche‹
Vaterschaft«.
[79] Vgl. *H. Greeven*, Komm. 105.
[80] Vgl. *Billerbeck*, III 340f und *E. Lohse*,
Komm. 278.
[81] Vgl. 1 QH 7,6–25, bes. 20f und dazu *G. Jeremias*, Der Lehrer der Gerechtigkeit, StUNT
2, 1963, 180–192, bes. 190: »Die einzige Parallele für die Verwendung des kombinierten Va-

ter- und Mutterbildes als Ausdruck für das in-
nige Verhältnis zwischen einem Leiter und seiner Gruppe« in 1 QH 7,20f »findet sich bei
Paulus« (folgt Verweis auf 1 Thess 2,7–12 und
den paulinischen Apostolat). Mit 1 QH 7,20f
ist nach dem Hinweis von *G. Jeremias*, a.a.O.
183 Anm. 14, CD 13,9 zu vergleichen. Die Belege aus den Qumrantexten sind deshalb besonders bemerkenswert, weil hier realiter damit gerechnet wird, daß die Frommen kraft einer ihnen zuteil gewordenen Besprengung mit
dem hl. Geist neu geschaffen und zur Teilhabe
an den himmlischen Liturgien ermächtigt sind.
Vgl. 1 QH 7,6f für den Lehrer der Gerechtigkeit selbst (vgl. *G. Jeremias*, a.a.O. 184f) und
für die Frommen insgesamt 1 QS 4,20–23; 1
QH 3,19ff; 11,10ff (dazu: *E. Sjöberg*, Neuschöpfung in den Toten-Meer-Rollen, StTh 9,
1956, 131–136). Die Verbindung zu den Paulusbriefen liegt auch hier auf der Hand (vgl. die
folgende Anm.). – Alttestamentlich ist zum
Vaterbild vor allem 2 Kön 2,12 zu vergleichen.
[82] Vgl. *H. Schwantes*, Schöpfung der Endzeit, 1963, 26ff; *P. Stuhlmacher*, Erwägungen
zum ontologischen Charakter der καινὴ
κτίσις bei Paulus, EvTh 27, 1967, 1–35;
K. H. Schelkle, Theologie des Neuen Testaments I, 1968, 33–49.

erstaunt, in unserem Paulusbrief an dieser Stelle ausgerechnet diesen ihnen nur zu gut bekannten Namen zu lesen. Die Nachstellung des Namens ist jedenfalls rhetorisch gewollt und auffällig. Onesimus = »der Nützliche« ist ein häufig nachweisbarer Sklavenname[83]. In unserem Fall der Name eines aus Kolossä, d. h. aus Phrygien, stammenden Sklaven[84]. Phrygische Sklaven galten sprichwörtlich als unzuverlässig und unbrauchbar[85]. Onesimus gehörte schon als Heide zum Haus des Philemon und hatte mit seiner Flucht, wie Lightfoot anschaulich vermutet, dem schlechten Ruf seiner phrygischen Herkunft und seines Standes auch im Hause des Philemon alle Ehre gemacht[86].

Paulus geht auf eben diesen Sachverhalt in einem wohlüberlegten Wortspiel **11** ein, das in der christlichen Literatur des 2. Jh.s wiederkehrt[87]: Er nennt den Onesimus einen, der dem Philemon einst »wenig nützlich« war, nun aber für Philemon und Paulus gleichzeitig »sehr wohl nützlich« ist. Die beiden Adjektive ἄχρηστος und εὔχρηστος könnten ihrer damaligen itazistischen Aussprache nach auch die Assoziation von »unchristlich« und »sehr wohl christlich« erweckt haben; Justin jedenfalls spielt später mit dem Doppelklang von χρηστός[88]. ἄχρηστος bezieht sich auf Onesimus unter dem Aspekt seiner Flucht und der Zeit vor seiner Bekehrung; εὔχρηστος auf die Verlässlichkeit und Treue, die er als »Kind« gegenüber Paulus als seinem »Vater« und als »Bruder« (vgl. V 16) gegenüber Philemon an den Tag legt und zu legen verspricht. Zwischen dem »einst« und »jetzt aber« wird durch das Ereignis der Bekehrung unterschieden. Mit der Bekehrung wird nach Meinung des Apostels also für Onesimus eine neue Lebensqualität erreicht, die sich im Glauben ebenso äußert wie in seinem täglichen Verhalten.

Im Aorist des Briefstils[89] schließt Paulus diesen ersten Gedankengang ab. Er **12** sendet zwar den Onesimus hiermit zu Philemon zurück, aber nun so, daß des Paulus Herz an ihm hängt, ja sogar eins mit Onesimus ist[90]. Die aoristische Wendung deutet gleichzeitig darauf hin, daß Onesimus bei seiner Rückkehr den Philemonbrief mit sich führt. Historisch darf man hinzufügen, daß Paulus,

---

[83] Vgl. *J. B. Lightfoot*, Komm. 308ff und *W. Bauer*, Wb⁵ 1129f.

[84] Nach Kol 4,9 stammt Onesimus aus Kolossä, das zu Phrygien gehörte. Die Nachricht ist historisch wesentlich, ob man den Kolosserbrief als Paulusschreiben oder als deuteropaulinisch beurteilt. Zu den Kombinationsmöglichkeiten von Kol 4,7–9 mit Phlm 10f vgl. *Th. Preiss*, Vie en Christ, 69; *H. Greeven*, Komm. 105 und *E. Schweizer*, Kol 27f.176f.

[85] Verschiedene Belege für diese Anschauung bei *J. B. Lightfoot*, Komm. 310 Anm. 2.

[86] *J. B. Lightfoot*, Komm. 310. Da die Abgrenzung des »Hauses«, d. h. der Großfamilie, neutestamentlich nicht eindeutig feststeht und vor allem die Sklaven nicht eo ipso mit einschloß (vgl. *J. Jeremias*, Nochmals: Die Anfänge der Kindertaufe, ThEx, NF 101, 1962, 9f), sollte man in der Deklassierung des One-

simus nun auch nicht zu weit gehen und ihm anlasten, daß er zuerst im Hause seines christlichen Herrn nicht einmal Christ geworden sei und sich später u. U. auch nur aus Gründen der Opportunität bekehrt habe (so *A. Suhl*, Philemonbrief, 276).

[87] *E. Lohse*, Komm. 279 Anm. 5 verweist neben Platon, Politeia 411a auf Hermas, vis. III 6,1.2.7 (= 14,1.2.7) und mand. V. 1,6 (= 33,6).

[88] Vgl. Justin, Apol. I 4, 1.5 und *E. Lohse*, Komm. 279 Anm. 6 mit weiteren Belegen.

[89] Zum Aorist des Briefstils vgl. *Blaß-Debrunner*¹⁴ § 334.

[90] »Es ist, als ob Paulus selbst in Person und in seinem Anspruch darauf, Liebe zu erfahren, in dem entlaufenen Sklaven zu Philemon käme«, *H. Koester*, ThW VII 555,31ff.

indem er Onesimus zur Rückkehr zu Philemon bewegt, dem Flüchtling ein
nicht unerhebliches Risiko aufgebürdet hat. Es war ja keineswegs sicher, wie
und mit welchen Mitteln Philemon auf seine Flucht reagieren würde. Onesimus hat dieses Risiko gleichwohl auf sich genommen und sich wohl schon dadurch in den Augen des Paulus als εὔχρηστος erwiesen.

13 Mit V 13 setzt die Begründung des paulinischen Entschlusses ein. Paulus hätte
Onesimus gern bei sich behalten, verzichtet aber darauf, um Philemon nicht
von vornherein vor vollendete Tatsachen zu stellen. ἐβουλόμην steht im
Neuen Testament sowohl für den erfüllbaren als auch den unerfüllbaren
Wunsch[91]. Worum es sich handelt, kann erst die Exegese von V 14 zeigen. Aus
unserem Vers erhellt zunächst nur, daß Paulus Onesimus gern bei sich zurückbehalten hätte[92], damit dieser ihm an Stelle von Philemon ὑπὲρ σοῦ[93] in der
Haft diene, die der Apostel um des Evangeliums willen durchstehen muß[94].
διακονεῖν meint einerseits das Aufwarten und Bedienen (vgl. Mk 1,13; Lk
22,26ff; Apg 6,2 usw.). Paulus gebraucht das Verbum (2 Kor 8,19f; Röm
15,25) und Substantiv (2 Kor 4,1; 5,18; Röm 11,13 usw.) aber auch im Mis-
sionszusammenhang. Apg 13,5; Phil 2,25ff helfen zu konkretisieren, was Paulus meint: Er kann in seiner Situation als gefangener Apostel nur zu gut einen
Menschen brauchen, der ihm alltägliche Handreichungen leistet, den er aber
auch als Missionsboten aussenden kann; und eigentlich wäre es an Philemon,
den Platz eines solchen Mitarbeiters einzunehmen[95]. Da in der Antike für der-
gleichen häusliche und außerhäusliche Auftragsarbeiten durchaus Sklaven
verwandt wurden, impliziert der Wunsch des Paulus noch nicht eo ipso den
Gedanken der regelrechten Freilassung des Onesimus. Philemon könnte dem
Wunsch des Paulus auch dadurch entsprechen, daß er ihm den Onesimus auf
Zeit und als Sklaven zur Verfügung stellt. Im Moment stellt Paulus seine
Wünsche aber noch zurück.

[91] *Blaß-Debrunner*[14] § 359,5. Für Phlm 13
selbst wird a.a.O. folgendes Verständnis vorgeschlagen: »ἐβουλόμην ›wollte eigentlich,
tue oder tat es aber nicht‹, vgl. V. 14.«
[92] κατέχειν bedeutet hier »zurückbehalten«
bzw. »bei mir behalten«, vgl. *W. Bauer*, Wb[5]
835 und *E. Lohse*, Komm. 280 Anm. 9.
[93] Zu ὑπὲρ σοῦ = »stellvertretend für dich«
vgl. *A. Deißmann*, Licht vom Osten[4], 285
Anm. 2; *E. Lohse*, Komm. 281 Anm. 1 und *H.
Riesenfeld*, ThW VIII 516,9f.
[94] Zum Problem des Verständnisses dieser
Leiden des Apostels vgl. oben Anm. 37. Neben
Phil 1.12ff läßt auch Ignatius erkennen, wie
solche Leiden um Christi willen auf die Mitchristen wirkten. An die Christen in der Stadt
Tralles schreibt er im Blick auf seine eigenen

Fesseln: »(12,1) Ich grüße euch von Smyrna
aus zugleich mit den Kirchen Gottes, die bei
mir sind, die mir in allen Dingen im Fleisch und
im Geist (= σαρκί τε καὶ πνεύματι) Erholung
verschafft haben. (2) Meine Fesseln, die ich um
Jesu Christi willen herumtrage, flehend, zu
Gott zu gelangen, fordern euch auf: haltet fest
an eurer Eintracht und dem Gebet miteinander
(= παρακαλεῖ ὑμᾶς τὰ δεσμά μου, ἃ ἕνεκεν
Ἰησοῦ Χριστοῦ περιφέρω αἰτούμενος θεοῦ
ἐπιτυχεῖν. διαμένετε ἐν τῇ ὁμονοίᾳ ὑμῶν
καὶ τῇ μετ᾽ ἀλλήλων προσευχῇ.)«. Übersetzung von *W. Bauer*, a. Anm. 4 a.O. 240.
[95] Vgl. zu V 13 bes. *H.-W. Ollrog*, Mitarbeiter, 101ff. Ollrog will den Phlm »als Bitt-
schreiben des Paulus um einen Gemeindegesandten« verstehen (104).

Ohne das Einverständnis (= γνώμη)[96] des Philemon möchte er nämlich nichts   14
tun[97], d. h. er will Philemon nicht einfach dadurch vor vollendete Tatsachen
stellen, daß er ihm mitteilt, er habe Onesimus bei sich behalten und Philemon
werde damit doch wohl einverstanden sein. Die Absicht des Paulus erhellt vollends aus dem folgenden ἵνα-Satz. In ihm wird der Ausdruck (τὸ) ἀγαθόν von
V 6 wiederaufgegriffen: Philemon soll die Möglichkeit und Freiheit haben,
dem Willen Gottes in Gestalt der Liebe nicht erzwungenermaßen, sondern
freiwillig zu entsprechen. Seine Antwort auf den vorliegenden Fall und den
Brief des Apostels soll eine freie Gehorsamstat sein und keine erzwungene Reaktion auf bereits getroffene Vorentscheidungen. Mit V 14 wird der in V 13 geäußerte Wunsch des Paulus aber nicht einfach zurückgenommen, sondern er
bleibt bestehen. Angesichts der von Paulus gleich in V 15ff erwogenen weiteren Entscheidungsmöglichkeit stellt sich die Situation des Philemon demnach
folgendermaßen dar: Im Sinne der Liebe wäre es sowohl, daß er Onesimus ver-
gibt, ihn aufnimmt, aber anschließend wieder zu Paulus zurücksendet, als auch
der andere Weg, Onesimus zu vergeben, ihn aufzunehmen und weiterhin als
treuen Sklaven zu beschäftigen; der Dienst bei Paulus würde dann ihm selbst
zufallen. Paulus bekräftigt seinen eigenen Wunsch auf Freistellung des Onesimus noch einmal (indirekt) in V 21, erwägt aber von V 15 ab zunächst und vor
allem die zweite Möglichkeit und gleichzeitig mit ihr die finanzielle Seite der
Sklavenflucht. Dies ist nur sinnvoll, wenn Paulus ernsthaft bereit ist, beide Re-
aktionsmöglichkeiten des Philemon zu respektieren.

V 15 beginnt mit einem erwägenden »vielleicht« = τάχα. Es bezieht sich auf   15
die in V 15f vorgetragene Verstehensmöglichkeit der Flucht des Onesimus:
Vielleicht ist Onesimus nur deshalb »für kurze Zeit« (πρὸς ὥραν vgl. Gal 2,5;
2 Kor 7,8) von Philemon getrennt worden[98], damit er ihn »auf ewig« zurück-
erhält. ἀπέχειν ist term. techn. der Geschäftssprache und meint den Empfang
und das Quittieren einer Geldsumme. Der Apostel gebraucht das Wort in diesem Sinne noch Phil 4,18[99]. Da in V 18f weitere finanztechnische Wendungen
auftauchen, wird man unseren Ausdruck nicht übertragen, sondern termino-
logisch fassen müssen. Philemon erhält mit dem zurückkehrenden Onesimus
auch den ihm gehörigen Vermögenswert zurück, und zwar als αἰώνιον, d. h.
auf unbegrenzte Zeit[100]. Es ergibt sich damit zweierlei: Paulus kennt und be-

[96] Das Wort könnte rechtlichen Sinn haben,
da es in Verträgen technisch gebraucht wird
(vgl. *H. Greeven*, Komm. 106). Dies würde
sich auch gut zu V 15 und 18f fügen. Da derselbe Sprachgebrauch aber auch in nicht-juri-
stischen Texten nachweisbar ist (Belege bei *W.
Bauer*, Wb⁵ 324), ist die rechtliche Bedeutung
nicht sicher.
[97] Der Aorist läßt sich sowohl präsentisch als
auch vorzeitig fassen. (Vgl. Anm. 91).
[98] ἐχωρίσθη kann passivisch oder medial
übersetzt werden: »er ist getrennt worden«
oder »hat sich entfernt«. In der Parallele zu
dem technischen ἀπέχῃς paßt die passivische

Wiedergabe besser.
[99] Vgl. *J. Gnilka*, Der Philipperbrief, HThK
10,3, 1968, 179.
[100] *O. Merk*, Handeln aus Glauben, Marburger Theologische Studien 5, 1968, 227 macht
mit Recht darauf aufmerksam, daß Onesimus
»in Christus« nicht mehr einfach jener Sach-
wert (res) ist, den ein Sklave nach römischem
Recht darstellte. Diese sich vor allem auf V 16f
stützende Sicht ist jedoch kein zureichender
Grund, dem prägnanten Sinn von αἰώνιος in
V 15 auszuweichen und den Ausdruck nur auf
das neue christliche Verhältnis des Herrn zum
Sklaven zu beziehen, »das in der Bruderschaft

denkt – erstens – die vermögensrechtliche Seite des vorliegenden Falles durchaus[101], und er faßt – zweitens – durchaus auch eine dauernde Sklavenschaft des
Onesimus bei Philemon ins Auge (vgl. Ex 21,6 und Dtn 15,17)[102]. Freilich
kommt Onesimus nicht einfach als derselbe zurück, als der er den Philemon
heimlich verlassen hat. V 16 führt das näher aus.

16   Interpretiert man den sehr dicht formulierten Satz im Duktus des Briefes und
der paulinischen Gedanken, so drückt er eine Steigerung aus. Philemon erhält
den Onesimus nicht als den Menschen und Sklaven zurück, den er von früher
her kennt, dem er begründet mißtraut und der seinerseits meinte, das Leben
bei Philemon nicht ertragen zu können. Zurück kommt ein anderer und weit
mehr als ein Sklave, nämlich ein christlicher Bruder, ein neuer Mensch (2 Kor
5,17) und Glaubensgenosse, den Philemon früher in Onesimus weder kannte
noch besaß. Ein geliebter Bruder ist Onesimus schon für Paulus geworden, und
um so mehr kann und soll er es nun auch für Philemon sein. Das schwierige
»μάλιστα ist hier als Elativ in der Bedeutung ›besonders‹ gebraucht und kann
daher durch πόσῳ μᾶλλον gesteigert werden«[103]. Die sonst bei Paulus nicht
nachweisbare Wendung καὶ ἐν σαρκὶ καὶ ἐν κυρίῳ bezieht sich auf
ἀδελφὸς ἀγαπητός. Sie kann nur bedeuten, daß Onesimus für Philemon ein
christlicher Bruder sein wird sowohl in den täglichen Lebensvollzügen als auch
im geistlichen Leben[104].

Es ist sinnvoll, sich genau vor Augen zu führen, was das praktisch bedeutet. Im
Bereich der Hausgemeinde sollen Philemon und Onesimus einander fortan frei
begegnen: »Der Sklave ist im Dienst am Evangelium seinem Herrn völlig
gleichgestellt. Die Wahrnehmung eines ⟨christlichen, P. St.⟩ Amtes war ihm
nicht auf Grund seines Sklavenstandes verwehrt. Er nimmt teil am Herrenmahl, und er tauscht mit anderen den Bruderkuß«[105]. »Im Herrn« ist das alte
Leben durch ein Leben in geistlicher Freiheit und Verpflichtung überboten. –
Und welche Rückwirkungen hat dies für den täglichen Arbeits- und Lebensvollzug? Der Phlm selbst läßt, wie gesagt, eine doppelte Möglichkeit offen.
Philemon kann sich entschließen, Onesimus weiterhin als Sklaven zu beschäftigen. In diesem Fall muß dieser sich in der engen Lebensgemeinschaft, die ein

in Christus begründet ist und nicht wieder auf-
gehoben wird« (*E. Lohse*, Komm. 282 Anm. 3;
ähnlich *E. Lohmeyer*, z. St.).
[101]   Man kann also nicht sagen, die juristische
Seite der Sache sei für Paulus überhaupt nicht
in Sicht (*H. Greeven*, Komm. 107), und es ist
deplaciert, sich darüber zu entrüsten, daß Paulus »mit keinem Wort« seine rechtliche Verpflichtung erwähne, »den entlaufenen Sklaven
zurückzuschicken, weil der Eigentümer sonst
einen Schadenersatzanspruch gegen ihn geltend machen könnte« (*A. Suhl*, Philemonbrief,
273). Die z. B. von *M. Meinertz*, Komm. 118
hervorgehobene religiöse Dimension von V 15
(Paulus weiß in V 15 die Sklavenflucht »unter
den Gesichtspunkt der alles zum Guten len-
kenden göttlichen Vorsehung zu bringen«)
verdeckt für den Apostel die weltlichen Realitäten nicht, sondern läßt sie nur in anderer Be-
leuchtung erscheinen.
[102]   So mit *H. Sasse*, ThW I 209,20ff und
C. F. D. Moule, Komm. 146.
[103]   *E. Lohse*, Komm. 282 Anm. 5; ebenso
C. F. D. Moule, Komm. 148 u. a.
[104]   Vgl. zu der Wendung die ganz ähnliche
Formulierung bei Ignatius Trall 12,1 (oben in
Anm. 94) und *C. F. D. Moules* Kommentar
148: »Not only might the unprofitable run-
away now prove useful; he would also be a
Christian fellow-member of the Lord's Body«.
[105]   Vgl. *H. Gülzow*, Christentum und Sklaverei, 40.

Hauswesen darstellt, bemühen, seine Aufgaben treu und sachgerecht zu erfüllen. Die nachpaulinisch-neutestamentliche (Haustafel-)Paränese ruft die Sklaven zu solch christlicher Pflichten- und Berufserfüllung auf. Sie legt aber gleichzeitig auch den Herren der Sklaven die Pflicht auf, für ihre Sklaven angemessen zu sorgen und sie nicht zu mißbrauchen (vgl. Kol 3,22ff und 4,1; Eph 6,5ff und 5,9; 1 Tim 6,2; Tit 2,9f; 1 Petr 2,18ff[106]). Wie 1 Kor 7,21–24 zeigt, ist diese gegenseitige Ermahnung durchaus auch schon im Sinne des Apostels selbst: Vor Christus sind Herren und Sklaven gleich, und ihre Standesunterschiede relativieren sich. Keiner braucht aus Glaubensgründen bedacht zu sein, aus seiner ihm zugewiesenen Lebensstellung auszubrechen, sondern er soll seinen Stand in Christus auszufüllen trachten. Selbst der verachtete Sklavenstand wird hier also als Ort des Christuszeugnisses und Christusdienstes entdeckt und beansprucht – eine damals höchst beachtliche und wirksame missionarisch-theologische Leistung des Urchristentums[107]! – Die andere Möglichkeit, die sich Philemon bietet, ist die, den zurückkehrenden Bruder Onesimus zum Missionsdienst bei Paulus freizustellen und u. U. sogar ganz freizulassen. Paulus deutet seine diesbezüglichen Wünsche zwar an, bedrängt Philemon aber nicht einseitig[108], sondern überläßt ihm die Freiheit der eigenen Wahl und Entscheidung. Gerade weil die spätere Sklavenparänese des Neuen Testamentes diese zweite Möglichkeit nicht mehr näher ausführt, verdient es Beachtung, daß der Apostel selbst sie im Interesse des Evangelium offenhält.

Dies ergibt sich nicht nur aus dem Phlm allein, sondern auch von 1 Kor 7,21–24 aus. Hier empfiehlt Paulus den Sklavenstand ja keineswegs grundsätzlich noch

---

[106] Zu diesem Text, in dem aus zeitgeschichtlichen Gründen die Anweisung an die Herren fehlt, s. *H. Gülzow*, a.a.O. 67–76, bes. 71ff und *W. Schrage*, Der erste Petrusbrief, NTD 10, ¹¹1973, 90ff.

[107] Sie bereitet sich in der relativ humanen alttestamentlichen Sklavengesetzgebung vor (vgl. Dtn 15,12–18; 23,16f; Lev 25,8ff; 25,39ff und dazu *H. W. Wolff*, Anthropologie, 289–297), die jüdisch allerdings nur noch mit erheblichen Einschränkungen praktiziert worden ist (vgl. neben *Billerbeck*, IV 2, 698–744; *K. H. Rengstorf*, ThW II 268–272; *W. L. Westermann*, Slave Systems³, 124ff und *H. Gülzow*, a.a.O. 15–21 jetzt die kritische Studie von *E. E. Urbach*, Laws Regarding Slavery, 8. 14f.17.31f.38.43.45.48f.58ff.78f). Sie wird dann von Jesus selbst neu und fast programmatisch eröffnet (vgl. Mk 10,42–44 mit der bereits stark bearbeiteten Paralleltradition in Lk 22,25ff) und vom Urchristentum ethisch aufgegriffen und ausgearbeitet. Die stoische Lehre von der Gleichheit der Menschen blieb demgegenüber weithin der Theorie verhaftet und gestaltete das tägliche Leben weit weniger als z. T. angenommen wird (vgl. *W. L. Wester-*

mann, a.a.O. 116f und *H. Greeven*, Sozialethik, 58ff). Ein praktisches Beispiel für die Bewährung stoischer Prinzipien bieten die beiden oben S. 25 und in Anm. 32 angeführten Pliniusbriefe.

[108] *A. Suhl*, Philemonbrief, 272ff sieht Paulus mit einer an »Erpressung« (274) reichenden Eindringlichkeit, »mit Zuckerbrot und Peitsche« (275) auf die freundliche Aufnahme des Onesimus durch Philemon dringen, ohne dabei die Möglichkeit einer Freilassung des Onesimus überhaupt zu erwägen: »Mit keinem Wort wird dabei die Einrichtung der Sklaverei als solche angetastet oder gar gefordert, daß Philemon seinen Sklaven freilassen soll« (276). – Auf der Gegenseite hält es *H. C. G. Moule* in seinen »Colossian and Philemon Studies«, London o. J., 295 für »extrem wahrscheinlich« und kaum ausdrücklicher Erwähnung bedürftig, daß Philemon den Onesimus auf den Appell des Apostels hin freigelassen habe. – Beide Auslegungsversuche lassen sich vom Text her nicht wirklich nach- und mitvollziehen, sondern vereinseitigen den von Paulus ausgewogen vorgetragenen Tatbestand.

auch als asketische Sonderleistung[109], sondern er hält nur fest, daß, wer Sklave ist und bleiben muß, deshalb ebensogut Christ sein kann wie der, der die Möglichkeit hat freizukommen. Die philologisch und historisch nächstliegende Übersetzung von 1 Kor 7,21 ist nämlich nicht die z. B. in der ökumenischen Übersetzung von U. Wilckens gewählte: »Bist du als Sklave berufen? Laß es dir nicht leid sein! Selbst wenn du die Möglichkeit hast, frei zu werden, so bleibe gleichwohl um so lieber (in deinem Stande)«[110]. Die römischen und griechischen Sklaven hatten in der Antike nur in den seltensten Fällen wirklich die Möglichkeit, zwischen Freilassung und dauerndem Sklavendienst zu wählen und sich frei für das eine oder andere zu entscheiden[111]! Außerdem ist bei der zitierten Übersetzung von 1 Kor 7,21b übersehen, daß man in dem umstrittenen Halbvers »ἀλλ᾽ εἰ καὶ δύνασαι ἐλεύθερος γενέσθαι, μᾶλλον χρῆσαι« zu μᾶλλον χρῆσαι keineswegs ein Objekt und als solches δουλείᾳ hinzudenken *muß*. Wie 2 Kor 13,10 zeigt, kennt schon Paulus selbst einen objektlosen Gebrauch von χρῆσθαι. Es lassen sich außerdem eine ganze Reihe von hellenistisch-jüdischen und profangriechischen Verweisstellen nennen, die einen

---

[109]   So *H. Bellen*, Studien zur Sklavenflucht, 79 und in seinem Aufsatz: μᾶλλον χρῆσαι (1 Cor 7,21) – Verzicht auf Freilassung als asketische Leistung? in: JAC 6, 1963, 177–180.
[110]   A.a.O. (Anm. 11) 580 mit folgender Anmerkung: »Andere Übersetzungsmöglichkeit: ›Aber wenn du die Möglichkeit hast, frei zu werden, so nimm sie um so lieber wahr!‹ Der Zielrichtung der Argumentation V 17ff und dem Zielsatz V 24 entspricht aber die oben gegebene Übersetzung besser« (a.a.O. 582). *Wilckens* hat für seine Übersetzung allerdings eine Fülle von besten Gewährsmännern. Die »Einheitsübersetzung der Heiligen Schrift« überträgt V 21 genauso: »Wenn du als Sklave berufen wurdest, soll dich das nicht bedrücken; auch wenn du frei werden kannst, lebe lieber als Sklave weiter!«, und in der Sache entscheiden sich für dieses Verständnis z. B. *H. Conzelmann* I Kor 152f; *H. Lietzmann*, Kor 32f; *J. Weiß*, Der erste Korintherbrief, MeyerK 5, ⁹1910, 187f; *W. Schrage*, Die konkreten Einzelgebote in der paulinischen Paränese, 1961, 23; *H. Greeven*, Sozialethik, 50ff; *H. D. Wendland*, NTD zu 1 Kor 7,21f; *ders.*, Ethik des Neuen Testaments, Grundrisse zum Neuen Testament, NTD-Ergänzungsreihe 4, 1970, 78f; *K. H. Schelkle*, Theologie des Neuen Testaments III: Ethos, 1970, 292; *G. Klein*, VF 18, 1973, Heft 2, 51 Anm. 21 usw. Die für das Verständnis und die Auslegung der Stelle jetzt grundlegende Dissertation von *S. Scott Bartchy*, μᾶλλον χρῆσαι: First-Century Slavery and the Interpretation of 1 Corinthians 7:21, Society of Biblical Literature, Dissertation Series 11, Missoula (Montana) 1973, 6

zeigt tabellarisch, daß diese Deutung zurückgeht bis auf Joh. Chrysostomus und den Ambrosiaster. Vgl. auch unten Anm. 155.
[111]   *S. S. Bartchy* betont a.a.O. 96, daß die gesamte Interpretationsgeschichte von 1 Kor 7,21 »has been dominated by the fundamental assumption that a person in slavery in first-century Corinth enjoyed the possibility of deciding for himself whether or not he would accept manumission when that possibility was presented to him«. Er prüft eingehend die zeitgeschichtlichen Verhältnisse und zeigt, daß unter griechischen und römischen Rechtsverhältnissen ein Sklave, dem es um die Freiheit ging, die Möglichkeit hatte, sich seinen Herrn durch Wohlverhalten zu verpflichten, ihm für die Freilassung eine attraktive Geldsumme zu bieten oder auch bei schlechter Behandlung in ein sakrales Asyl zu fliehen, um wenigstens seinen Weiterverkauf an einen besseren Herrn zu erreichen. Dann aber resümiert er: »In short, a person in slavery was able to choose from a number of ways by which he could encourage his owner to manumit him. Or if for some reason he had little hope of being manumitted he might attempt to run away. Strikingly, however, there was no way that a slave could refuse freedman-status, if his owner decided to manumit him« (a.a.O. 97f). Die von Bartchy apostrophierte Fehlinterpretation von 1 Kor 7,21 dürfte aus der Problemlage der späteren Kirche heraus und, wo man überhaupt zeitgeschichtlich reflektierte, durch Verallgemeinerung der Verhältnisse von Ex 21,5f; Dtn 15,16f entstanden sein.

vergleichbaren und sogar einen absoluten Gebrauch des Verbums belegen[112]. Zu übersetzen ist dann, je nach Kontext nuanciert, »(aktiv) umgehen mit«, »sich verhalten«, »(etwas) unternehmen«, »eine Gelegenheit wahrnehmen« und zuweilen auch »sexuellen Verkehr ausüben«. Kommt man von diesem Sprachgebrauch her, heißt es in 1 Kor 7,21: »Du bist als Sklave berufen? Laß dich das nicht anfechten! Falls du aber doch freikommen kannst, mache um so mehr daraus« (nämlich im Dienste des Christus, d. h. im Sinne von V 19 und 22f), oder: ». . . nimm diese Gelegenheit erst recht (im Dienste Christi) wahr«[113]. Paulus respektiert die Freiheitssehnsucht der Sklaven also durchaus und erklärt sie nicht eo ipso als christlich-illegitim. Vielmehr geht es ihm darum, daß, wenn einer freikommen kann, er auch diesen »Stand« der Freiheit nicht einfach als höchstes Gut betrachtet, sondern ihn im Dienste seines eschatologischen Herrn Christus ebenso nutzt und ausfüllt wie der Sklave den seinen. Gegenüber Christus, ihrem eschatologischen Herrn, sind beide gleich frei und gleich gebunden: Derjenige, der Sklave bleiben muß, und der andere, der zum Freigelassenen oder Freien werden kann (V 22). Versteht man 1 Kor 7,21 im Rahmen der in der Mitte des 1. Jh.s n. Chr. für die Sklaven in Korinth real gegebenen Möglichkeiten und interpretiert man den Vers nicht sogleich im Sog der späteren kirchlichen Debatte um die unguten Folgen einer christlichen Sklavenemanzipation[114], erübrigen sich eine ganze Reihe von deklamatorischen Vorwürfen an die Adresse des Apostels.

---

[112] Vgl. *Platon*, Prot 321c; Lys 213c; *Xenophon*, Cyrop 4,3,23; *Epiktet*, Diss I 29,56; II 21,20; 23,17; IV 1,110; 7,33; Ench 33,8; mit Adverb: Diss III 17,7; 22,72. *Septuaginta*: Jdt 3,3 (Vaticanus und Alexandrinus); Est 1,19; 9,12f; mit Adverb: Hiob 34,20 und Dan 7,7. *Klaus Haacker*, Wuppertal, nennt mir zwei weitere Belege aus *Josephus*, Ap 2,153 und 2,173. *Moulton-Milligan*, Vocabulary, zitieren s. v. χράομαι einen aus dem 6. Jh. n. Chr. stammenden Oxyrhynchos-Papyrus, in welchem das Verbum absolut, und zwar im Sinne von »Gelegenheit nehmen« gebraucht wird. Vgl. zu dem Papyrus auch *C. H. Dodd*, Notes from Papyri, JThS 26, 1924, 77–78. Insgesamt ist der objektlose Sprachgebrauch also so reich bezeugt, daß er auch für die Interpretation von 1 Kor 7,21 in Frage kommt.

[113] Die von *U. Wilckens* als Alternative gebotene Übersetzung (s. o. Anm. 110) ist also tatsächlich die historisch und philologisch näherliegende (vgl. *C. F. D. Moule*, Idiom-Book² 167). *E. Schweizer* macht mich unter Hinweis auf eine diesbezügliche Notiz von *G. B. Caird* aus JThSt 25, 1974, 177 darauf aufmerksam, daß der (nach *Blaß-Debrunner*[14] § 337,1 »ingressiv das Zustandekommen des Verhaltens im Gegensatz zum bisherigen« ausdrückende) Imperativ Aorist philologisch sehr viel besser zu der vorgeschlagenen als zu der herkömmlichen Lösung paßt. Diese wird außer von *G. B. Caird* gegenwärtig vertreten von *G. Eichholz*, Die Theologie des Paulus im Umriß, 1972, 280f; *K. H. Rengstorf*, ThW II 274, 37ff; *A. Schlatter*, Paulus der Bote Jesu, ⁴1969, 229ff; *S. S. Bartchy*, Diss. 156ff; *P. Trummer*, Die Chance der Freiheit, Bib. 56, 1975, 344–368; *U.-R. Kügler*, Diss. 70ff, u.a. Zur Geschichte dieser Auslegung vgl. wieder Bartchys Tabelle, a.a.O. 6f; sie schließt Erasmus, Luther und Calvin ebenso ein wie eine auffällig große Zahl von modernen angelsächsischen Exegeten, z.B. *J. B. Lightfoot*, *C. H. Dodd* und *C. F. D. Moule*. Für das traditionelle Verständnis plädiert »mit der weitaus überwiegenden Zahl der Exegeten« jetzt wieder *E. Lohse*, Komm. 290.

[114] Vgl. dazu *S. S. Bartchy*, Diss. 1–10 und *H. Bellen*, Studien zur Sklavenflucht, 78–92

Gegenwärtig äußern sich in solcher Weise besonders *G. Kehnscherper*, Sklaverei, 98 zu
1 Kor 7,20–27: »Paulus hat in diesen gewiß von hohem sittlichen Ernste getragenen,
aber doch sehr weltfremden Worten die erbärmliche Situation der Sklaven einfach übersprungen«. Oder *S. Schulz*, Sklavenhalter, 173 zur Folge von 1 Kor 7,17–24 (die Schulz
mit den in Anm. 110 genannten Exegeten versteht): »Diese Sätze haben weltgeschicht-
liche Sozialpolitik und -ethik gemacht, und ohne Übertreibung wird man sagen müssen,
daß Kirchen- und Menschheitsgeschichte mit ihren sozialen Revolutionen einen anderen Verlauf genommen hätten, wenn Paulus und die Kirchen hier anders geurteilt hätten, und zwar in Übereinstimmung mit dem Evangelium«. S. 179f meint Schulz zum
Phlm: Paulus »tastet diese Barberei ⟨sc. der Sklaverei, P. St.⟩ als sogenannte Sozialordnung nicht nur nicht an, wie z. B. die Sophisten mit ihrer explosiv kritischen Natur-
rechtstheorie vom Recht jedes Menschen auf Freiheit oder wie die Essener in ihren Ge-
meinschaften, er verurteilt sie nicht einmal vom Evangelium der Nächsten- und Feindesliebe her, sondern – wie sein ganz persönlicher Brief an den reichen, christlichen
Sklavenhalter Philemon und dessen Hausgemeinde zeigt – verlangt er nicht einmal
vom christlichen Sklavenbesitzer Philemon, daß er seinen christlichen Sklaven Onesimus freiläßt, obwohl er sich in eben diesem Briefe zu dessen Fürsprecher macht. Was
Paulus in 1 Kor 7,20–24 grundsätzlich, geradezu in kirchenrechtlichem Sinne regelt, das
wird in dem kleinsten, aber dennoch apostolischen Schreiben . . . an Philemon praktiziert. Dieser Philemon-Brief ist also der Test für die Einstellung und Praxis hinsichtlich
des antiken Sklavenwesens, die beste Probe auf das Exempel«. Das Facit solcher die
Texte konsequent nach modernen ideologischen und gesellschaftskritischen Maßstäben
stilisierenden Exegese ist ein Verdikt über die Haltung des Apostels: »So hat Paulus
nicht einmal ein tröstliches Zeichen im Namen des Evangeliums und der endzeitlichen
Praxis des Liebesgebotes unter Einschluß des Feindes für eine neue und menschliche Ge-
sellschafts- und Sozialordnung gesetzt« (187). Angesichts des dem Philemon von *S.
Schulz*, a.a.O. 180 beigelegten negativen Prädikates ›Sklavenhalter‹ und seiner Assozia-
tionen ist in bezug auf die historischen Sachverhalte wenigstens auf folgendes hinzuweisen:

1.   So unbestreitbar hart und unmenschlich sich heute die Sklaverei von der Formulierung der Menschenrechte her darstellt, so unleugbar ist es, daß in der Antike innerhalb
dieser Institution eine z. T. hohe Menschlichkeit praktiziert wurde. Vgl. für das Judentum: *H. Gülzow*, Christentum und Sklaverei, 18ff, *E. E. Urbach*, Laws Regarding Slavery, 40f.43f.48ff u. ö. und *E. R. Goodenough*, Paul and Onesimus, 181f; für die grie-
chisch-römische Antike: *W. L. Westermann*, Slave Systems[3], 106ff.113 und *J. Vogt*,
Sklaverei und Humanität, Historia-Einzelschriften 8, [2]1972, 69ff.83ff. Auch von *G.
Kehnscherper*, a.a.O. 45ff.104 und *S. Schulz*, a.a.O. 166.179.180ff (zum Phlm) wird
dies zugestanden. Es verdient aber hervorgehoben zu werden, daß das Urchristentum
mit seinem Gedanken der religiösen Bruderschaft aller Glaubenden wesentlich weiter
gegangen ist als die paganen Kulte der alten Zeit, in denen teilweise auch Sklaven und
Freie Religionsgenossen waren: vgl. *F. Bömer*, Religion der Sklaven, 1. Teil, 172–179,
bes. 179.

2.   Abgesehen von den sog. *Therapeuten* kennen wir keine religiöse Gemeinschaft in
der Antike, welche die Sklaverei als solche wirklich abgeschafft hätte. Über die Therapeuten und ihre Einsiedelei am Mareotischen See in der Nähe von Alexandrien berichtet
Philo, Vit Cont 70ff. Dort erzählt er auch, die Therapeuten warteten selbst bei Tisch auf

und hielten sich keine Sklaven. – Die bekannten *Essenerberichte* Philos und des Josephus, wonach die Essener generell auf Sklavenhaltung verzichtet haben (Philo, Omn
Prob Lib 79; Apologie 4; Josephus, Ant 18,21), sind im Blick auf die Damaskusschrift,
die in 11,12; 12,6.10ff durchaus Regeln für die Behandlung von Sklaven gibt, dahingehend einzuschränken, daß der Verzicht auf Sklaven wahrscheinlich nur für die monasti-
sche Kerngemeinde am Toten Meer gegolten hat. Man kann unter diesen Umständen
nicht mehr pauschal auf die Essener als auf ein von den ersten Christen uneingeholtes
Vorbild verweisen, wie es *G. Kehnscherper*, a.a.O. 141ff und *S. Schulz*, a.a.O. 130ff.
185 tun, und bei einem Vergleich mit den Qumranessenern ist der gravierende Unterschied zwischen der klösterlichen Lebensweise dort und der »offenen« Lebensweise der
urchristlichen Gemeinden hier sehr genau zu beachten. Die ähnlich wie die Christen in
Städten und Dörfern lebenden Essener haben auf die Sklavenhaltung ebensowenig verzichtet wie diese. – Auch die *Mysteriengemeinschaften* kannten keine programmatische
Aufhebung der Sklaverei, noch auch die Regel, daß »der Sklave, der dieselben Weihen
empfangen hatte wie sein Herr, nicht mehr als Sklave, sondern als freier Mann bei seinem bisherigen Herrn (blieb)«, die *E. Lohse*, Komm. 283 Anm. 1 bei ihnen unter Verweis auf *P. Seidensticker*, Lebendiges Opfer, NTA 20,1–3, 1954, 15 Anm. 33 vermutet.
Die verschiedenen Mysterienkulte boten zwar den Sklaven eine gewisse religiöse
Gleichstellung mit den Freien im Rahmen der Kultgemeinschaft (vgl. *W. L. Westermann*, a.a.O. 108 und *F. Bömer*, a.a.O. 29ff. 41ff. 70ff. 171ff. 176ff), aber mehr auch
nicht. Die eleusinischen Mysterien, von denen *P. Seidensticker* a.a.O. spricht, waren
nur in Griechenland und (eventuell) Alexandrien beheimatet. Sie nahmen zwar auch
Sklaven und Frauen auf, aber von einer dieser Aufnahme parallel gehenden Freilassung
ist bei ihnen nirgends die Rede (vgl. *F. Bömer*, Religion der Sklaven, Teil 3, 351–360).
Auch das von Seidensticker speziell herangezogene Theophilos-Fragment (Comicorum
Atticorum Fragmenta, ed. Th. Kock, II 473) gibt nichts für eine solche Freilassung her,
weil sich dort die Worte: τὸν τροφέα, τὸν σωτῆρα, δι᾿ ὅν εἶδον νόμους Ἕλ-
ληνας, ἔμαθον γράμματα, ἐμυήθην θεοῖς auf den Herrn des gerade sprechenden
Sklaven beziehen, durch den dieser mit griechischem Rechtsempfinden bekannt wurde,
schreiben lernte und mitsamt seinem Herrn in die Mysterien eingeweiht wurde (Hinweis von *W. Pöhlmann*). Vgl. zu diesem Fragment auch *F. Bömer*, a.a.O. 354. *P. Sei-
denstickers* und *E. Lohses* Thesen lassen sich also historisch nicht verifizieren. – Wie die
Mysterien, so schweigt auch jener *private Kult* aus Philadelphia in Lydien, von dem *M.
P. Nilsson*, Geschichte der griechischen Religion II², 1961, 290ff berichtet, von Freilassung oder Aufhebung der Sklaverei, obwohl nach dem im Auftrag eines gewissen Dionysios aufgezeichneten Kultgesetz Männer, Frauen und Sklaven gleichermaßen angesprochen und der Tugend für fähig gehalten werden.

3.   Schließlich lassen sich auch die sog. *Enthusiasten von Korinth* nicht mit *S. Schulz*,
a.a.O. 159ff als »die einzigen im Neuen Testament und im Urchristentum« reklamie-
ren, »die die Sklaven-Emanzipation angestrebt haben« (165). Denn die ihnen von
Schulz in den Mund gelegte »revolutionäre Parole« (160) in Gestalt von Gal 3,27f; 1 Kor
12,13f läßt sich (trotz *E. Käsemann*, Der Ruf der Freiheit, ⁵1972, 86f) nur gewaltsam als
»Kampfruf« (159) ausgeben. Es geht um vorpaulinische Tauftradition, die vom Apostel
nuanciert aufgegriffen wird. Während er in 1 Kor 12,13f um der dortigen Probleme willen das »weder Mann noch Frau« wegläßt, schließt er es in Gal 3,27f mit ein, und in Kol
3,11 lautet die These noch einmal anders. In Gal 3,27f; 1 Kor 12,13f (und Kol 3,11) wird
man also, wenn man nicht methodisch willkürlich vorgehen will, keinen »Schlachtruf

der geistgewirkten, weil vom gegenwärtigen Geist-Christus eröffneten Emanzipation«
sehen dürfen (so *S. Schulz*, a.a.O. 164), sondern Tauftexte, die vor und bei Paulus die
heilsgeschichtliche Wende und das neue Sein der Gemeinde bekennen (vgl. *J. Becker*,
Galater, NTD, 1976, 45).

Urteilt man historisch, so muß es also bei der eingangs getroffenen Feststellung bleiben.
Da *S. Schulz* mir auf meine Kritik an seinen schon in den EvKomm. 5, 1972, 13–17 zu-
sammengefaßten Thesen seines Buches hin den freundlichen Rat gegeben hat, mich
»mit Tatsachen und nicht mit eigenen Projektionen zu befassen« (Sklavenhalter, 248
Anm. 109), darf ich mir die Replik gestatten, daß ich mir angesichts des in den vorangehenden Abschnitten unterbreiteten historischen Materials noch im Zweifel bin, wer von
uns beiden sich lieber mit Tatsachen als mit eigenen Projektionen befassen sollte . . .
– Vgl. zur Kritik an Schulz ferner: *G. Eichholz*, Die Theologie des Paulus im Umriß,
278ff; *E. Schweizer*, Zum Sklavenproblem im Neuen Testament, EvTh 32, 1972,
502–506; *P. Stuhlmacher*, Ev. Komm. 5, 1972, 297–299; und zur Kritik an G. Kehnscherper: *H. Frhr. v. Campenhausen*, ZKG 69, 1958, 328–329; *E. Fascher*, ThLZ 85,
1960, 521–524 und *E. Lohse*, Komm. 230 Anm. 8.

Im Blick auf den Phlm ist noch besonders darauf hinzuweisen, daß in 1 Kor
7,21–24 der Sklave vor eben die beiden Möglichkeiten gestellt wird, die der
Phlm dem Herrn und Sklavenbesitzer Philemon eröffnet: Der Sklave soll sich,
wenn er Sklave bleiben muß, als Diener Christi ebenso wissen wie dann, wenn
er die ersehnte Freiheit erreicht, und der Herr soll dem (zurückkehrenden)
Sklaven (Onesimus) in der Liebe Christi begegnen, ob er ihm nun weiterhin die
Arbeit als Sklave zumuten oder ihn für Paulus und die Mission freigeben will.
Als Sklave, als Freigelassener oder Freier und als Herr ist man dem Christus
gleich nah, gleich verpflichtet und dementsprechend gleich frei, der Liebe zu
folgen. Sieht man, daß auf diese Weise die Welt insgesamt in jeder Situation
von der Gnade und Forderung Gottes in Christus ergriffen wird, wird verständlich, daß Paulus, dem der Christusdienst im Glauben das für Zeit und Ewigkeit
entscheidende war, die eigentlich praktische Lösung des »Falles« des Onesimus
durchaus offenlassen und sich auf beides einstellen konnte, Onesimus zurückgesandt zu erhalten oder ihn als christlichen Sklaven auf Dauer bei Philemon
aufgenommen zu sehen. Für Philemon und Onesimus war in Christus gesorgt,
wenn sie als Christen wieder zueinander finden würden, mochte sich ihr Verhältnis zukünftig als Verhältnis von Herr und Sklave oder auch von Herr und
Freigelassenem darstellen.

Erkennt man diese christologische Verankerung der paulinischen Position und
die aus ihr folgende Relativierung weltlicher Maßstäbe, wird sie theologisch
diskutierbar und kann nicht mehr einfach dadurch ins Historische abgeschoben
werden, daß man auf ihre Verwurzelung in einer weltflüchtigen, apokalyp-
tischen Naherwartung hinweist[115]. Die paulinische Eschatologie ist seine
Christologie. Von ihr aus begründet sich die eschatologische Freiheit der

---

[115] So z. B. *S. Schulz*, Sklavenhalter, 183ff
und mit etwas anderer Akzentsetzung z. B.
auch *A. Suhl*, Philemonbrief, 276f.

Christen und mit ihr die Argumentation des Apostels in 1 Kor 7,21ff wie im Phlm.

Mit V 17 beginnt Paulus, seine Bitte an Philemon endgültig zu konkretisieren.   17
In der antiken Geschäftssprache ist κοινωνός der Partner[116], und auf derselben Sprachebene meint προσλαμβάνειν jemanden akzeptieren[117]. Wenn Paulus κοινωνός auch im Sinne christlicher Partnerschaft versteht (vgl. 2 Kor 1,7; 8,23), und zwar einer Partnerschaft, die auf der Teilhabe an jener »Gemeinschaft« basiert, die durch Jesu Lebenshingabe gestiftet und eröffnet worden ist (1 Kor 1,9; 10,16), ist der geschäftliche Unterton der Redewendung angesichts der beiden folgenden Verse sicher nicht ganz zufällig. Im Gedanken an die bereits zwischen Philemon und Paulus bestehende Partnerschaft im Glauben soll Philemon den Onesimus nunmehr ebenso als »Glaubensgenossen« (Gal 5,10) akzeptieren wie den Apostel auch. Bemerkenswert an dieser Formulierung ist vor allem das hohe Maß der Identifikation von Paulus mit dem Sklaven Onesimus. Mögen der Apostel und der für den Glauben gewonnene Sklave auch verschiedene Aufgaben und Lebenswege haben, als Christen stehen sie einander so nahe, daß Paulus ganz für Onesimus eintreten kann und will. Von der in Gal 3,27f proklamierten Einheit der Christen her ist dies konsequent und bleibt dennoch menschlich eindrücklich[118].

In einem dem V 17 fast parallelen Satz äußert sich Paulus nun zum finanziellen   18
Aspekt der Sklavenflucht, um die Versöhnung zwischen Philemon und Onesimus nicht »an irgendwelchen Forderungen auf Schadenersatz« scheitern zu lassen[119]. In einer Doppelformulierung stellt der Apostel fest, er wolle selbst für den Schaden, den Philemon durch Onesimus erlitten hat, aufkommen. Die doppelte Wendung εἰ δέ τι ἠδίκησέν σε ἢ ὀφείλει scheint darauf hinzudeuten, daß Onesimus seinen Herrn bei seiner Flucht nicht nur um sich selbst, sondern auch noch dadurch geschädigt hat, daß er bei seiner Flucht Geld (?) entwendete[120]. Für den Arbeitsausfall und jene gestohlene Summe will Paulus aufkommen[121]. Dies ist, wie der folgende Vers zeigt, keineswegs nur rhetorisch gemeint.

[116] Vgl. *W. Bauer*, Wb[5] 869; *E. Lohmeyer*, Komm. 189 Anm. 5 und *E. Lohse*, Komm. 283 Anm. 3; daß der Ausdruck auch persönlich verwendet werden kann, zeigt *H. Greeven*, Komm. 106.

[117] Vgl. *E. Lohmeyer*, Komm. 189 Anm. 6 und die von *E. Lohse*, Komm. 283 Anm. 3 genannten Papyrus-Belege.

[118] Zum Phänomen dieser Stellvertretung des Apostels für Onesimus vgl. *Th. Preiss*, Vie en Christ, 69ff; *H. Gülzow*, Christentum und Sklaverei, 38f und *C. J. Bjerkelund*, PARAKALO, 122 mit Verweis auf einen ganz analog zu Paulus formulierenden Papyrusbrief aus dem 2./3. Jh. n. Chr. Der Vergleich zwischen Paulus hier und jenem kleinen Empfehlungsbrief dort läßt es mir noch einmal als zweifelhaft erscheinen, ob man die Gemeinsamkeit

des Paulus mit Onesimus im Phlm vom jüdischen Schaliach-Institut her interpretieren darf, wie *Preiss* dies vorgeschlagen hat (vgl. auch oben Anm. 90).

[119] *H. Gülzow*, a.a.O. 39.

[120] So mit den meisten Kommentatoren und *H. Gülzow*, a.a.O. 31 (vgl. oben Anm. 20).

[121] ἐλλογάω »ist das technische Wort für ›aufs Konto setzen‹« (*H. Greeven* Komm. 106 mit verschiedenen Belegen aus Papyrus-Verträgen). Das Verbum heißt eigentlich ἐλλογέω. Deshalb wird der durch Vermischung der Flexionstypen von -άν und -εῖν entstandene Imperativ ἐλλόγα von einem Teil der Textzeugen in den üblichen Imperativ ἐλλόγει abgeändert. Ursprünglich ist ἐλλόγα, das Sinaiticus, Claromontanus u. a. bieten.

19   In einer eigenhändigen Schulderklärung erklärt sich Paulus nämlich bereit,
      Schadenersatz zu leisten[122]. ἀποτίνειν ist juristischer terminus technicus für
      die Zahlung von Geldbußen oder Schadenersatz[123]. Die in V 19a eingegangene
      Zahlungsverpflichtung hält Paulus aufrecht, auch wenn er in V 19b andeutet,
      daß es ihm durchaus möglich wäre, eine Gegenrechnung aufzustellen. Mit ἵνα
      μὴ λέγω stellt er sich rhetorisch, »als übergehe er etwas, was er tatsächlich doch
      erwähnt«[124], nämlich, daß Philemon sich selbst dem Paulus schuldet. Paulus
      und Philemon stehen im »Verhältnis gegenseitiger Schuldverpflichtung«[125],
      und zwar dadurch, daß Paulus dem Philemon seinerzeit zum Glauben verhol-
      fen hat. Philemon ist verpflichtet, dem Apostel in der Mission zu dienen (vgl. V
      10). Für das zwischen Paulus und Philemon bestehende Entsprechungsverhält-
      nis von geistlicher Gabe und irdischer Schuldverpflichtung bietet Röm 15,25f
      eine interessante Parallele[126]. Paulus versteht dort wie hier beides als Realität,

[122]   »19a ist eine förmliche, wohl eigenhändi-
ge, Schuldverschreibung; ἔγραψα ›ich
schreibe es hiermit‹« (*H. Greeven*, Komm.
106). Ob Paulus nur diesen einen Satz in ein
Briefdiktat eingesetzt hat oder ob der ganze
Phlm von ihm niedergeschrieben wurde, läßt
sich zwar nicht sicher entscheiden, das zweite
ist jedoch wahrscheinlicher. V 19 ist ja mehr als
der bei Paulus sonst übliche, eigenhändig zum
Diktat hinzugesetzte Schlußgruß (vgl. z. B.
Gal 6,11ff). *O. Roller*, Das Formular der paulinischen Briefe, BWANT 4. Folge, Heft 6,
1933, 592 hält mit Recht einen Wechsel des
Schreibers von V 18 zu 19, dann wieder von 19
zu 20 und u. U. ein zweites Mal von V 20 zu 21
für ausgeschlossen und beurteilt entsprechend
den Phlm für »ganz eigenhändig«, d. h. durch
Paulus selbst verfaßt. Anders z. B. *H. Greeven*, Komm. 106f und *G. Friedrich*, NTD 195.
E. Lohse, Komm. 284 Anm. 3 läßt die Frage offen.
[123]   Vgl. *W. Bauer*, Wb⁵ 200; *Liddell-Scott*,
Wb⁹ 223.
[124]   *Blaß-Debrunner*[14] § 495,3; Paulus gebraucht dieselbe Redefigur (Paraleipsis) auch in
2 Kor 9,4. Unter diesen Umständen halte ich es
für eine unnötige Komplikation, der von
Blaß-Debrunner a.a.O. Anm. 12 zitierten
Vermutung von *J. Jeremias* zu folgen und
Phlm 18 und 19 in der Weise zu verbinden, daß
man interpungiert: ». . . ἐμοὶ ἐλλόγα . . . ἵνα
μὴ λέγω· σοι, ὅτι . . .«
[125]   *E. Lohse*, Komm. 284 Anm. 8. Die von *E.
Lohse, H. Greeven*, Komm. 107 z. St. zitierten
Papyrusbelege und die von *Liddel-Scott*, Wb⁹
1521 s. v. angeführten Stellen zeigen, daß das
Kompositum προσοφείλω nicht nur Ausdruck
persönlicher Verbundenheit ist, sondern finanztechnische und rechtliche Verwendung
findet. Paulus formuliert also einen rechtlich
relevanten Tatbestand!

[126]   Zur Frage der Rechtsverbindlichkeit der
hier gemeinten Beiträge für Jerusalem vgl.
mein Buch: Das paulinische Evangelium I,
FRLANT 95, 1968, 102ff. Die terminologi-
schen Berührungen zwischen Röm 15,26.27
und Phlm 17–19 sind nicht zu überhören: Hier
wie dort wird der Stamm κοινός gebraucht und
taucht der Gedanke eines (rechts-)verbindli-
chen ὀφείλημα auf. Ebensowenig wie Paulus
in Röm 15,25f das ὀφείλημα der heidenchrist-
lichen Gemeinden als bloße Liebestat versteht,
kann man die Ausführungen des Paulus in
Phlm 18.19a angesichts von 19b zurückgenommen oder relativiert sehen, geschweige
denn, daß »diese feierliche Form der Schuldverschreibung mehr Scherz als Ernst« sei (*H.
Greeven*, Komm. 107). Wie es bei der Kollekte
für Jerusalem um eine geistliche Rechtsver-
pflichtung geht, d. h. eine Verpflichtung, die
durch die Gabe des Evangeliums gesetzt und
verbindlich gemacht wird, so steht es auch in
Phlm 19b. Philemon verdankt Paulus den Ge-
winn der Rechtfertigung und ist dem Apostel
missionarische Mitarbeit schuldig (vgl. *W.-
H. Ollrog*, Mitarbeiter, 106). Von dem damit
gesetzten Recht des Paulus an Philemon und
dessen Schuldverpflichtung her könnten die
Schuldprobleme, die in V 18 und 19a berührt
werden, eventuell kompensiert werden. Um
das tun zu können, müssen sie aber erst klar als
finanzrechtliche Probleme gesehen und be-
nannt werden. Da Paulus aber aus freien Stük-
ken auf das in V 19b angemeldete Recht verzichtet, bleibt es von ihm her gesehen durchaus
bei der Verbindlichkeit der in V 19a eingegangenen Zahlungsverpflichtung. Phil 4,13ff
zeigt, daß Paulus in finanzieller Hinsicht seinen Gemeinden gegenüber äußerst behutsam
und genau war. Man sollte also nicht sagen,
durch V 19b werde den vorangehenden Worten
des Paulus jeder geschäftliche Charakter ge-

verzichtet im Moment jedoch darauf, seinen Rechtsanspruch auf den Missionsdienst des Onesimus eigens geltend zu machen. Wie schon in V 8 bleibt er vielmehr auch jetzt konsequent beim Ton der Bitte.

Mit einem bekräftigenden ναί = »ja, in der Tat«[127], einer nochmaligen ausdrücklichen Anrede des Philemon als (christlichem) Bruder (vgl. V 7) und einer zwar geläufigen, bei Paulus aber nur hier verwendeten Formel »ich möchte Deiner froh werden«[128] bringt Paulus seine Bitte zum Abschluß und zugleich ein letztes Mal eindringlich zu Gehör: Der Apostel dringt darauf, daß Philemon ihm seinen Herzenswunsch erfüllt, d. h. Onesimus aufnimmt, wie er Paulus aufnehmen würde (vgl. V 12). In der Formulierung greift V 20b ganz bewußt auf V 7 zurück, bittet also darum, daß nun auch Paulus (und durch ihn dann wieder Onesimus) in den Genuß jener die Christen zuinnerst stärkenden Güte des Philemon kommen, die man Paulus gegenüber an Philemon schon so sehr gerühmt hat.

Insgesamt wird man feststellen dürfen, daß der eigentliche Briefteil des Phlm, die Verse 8–20, inhaltlich und rhetorisch an Eindringlichkeit kaum überboten werden können. Wenn Philemon seinem guten christlichen Leumund (V 5 und 7) und der ihm eröffneten Glaubenserkenntnis (V 6) wirklich folgt, kann er Paulus seine Bitte kaum abschlagen. Er muß vielmehr Onesimus wieder in sein Haus aufnehmen, wie immer er dann auch mit ihm verfahren mag. Freiheit und Gehorsam der Liebe reichen sich für Philemon in der Anerkenntnis des Onesimus als Mitbruder in Christus die Hand.

4. V 21–25 Abschluß, Grüße und Segenswunsch (Eschatokoll)

21 Ich schreibe dir im Vertrauen auf deinen Gehorsam, und ich weiß, daß du noch mehr tun wirst, als was ich dir sage.
22 Bereite gleichzeitig auch Unterkunft für mich vor; denn ich hoffe, daß ich euch kraft eurer Gebete wiedergeschenkt werde.
23 Es grüßt dich Epaphras, mein Mitgefangener in Christus Jesus, 24 Markus, Aristarch, Demas, Lukas, meine Mitarbeiter.
25 Die Gnade unseres Herrn Jesus Christus sei mit eurem Geist.

Mit ein paar Sätzen bringt Paulus seinen Brief an Philemon zu Ende. V 21 und 22 versichern den Adressaten des Vertrauens, kündigen den Besuch des Apostels an und geben der Hoffnung Ausdruck, daß die Gebete des Philemon und

---

nommen (*H. Greeven*, a.a.O.). Hätte der Apostel dies wirklich gemeint, hätte er im Phlm weit weniger behutsam zu argumentieren brauchen, als er dies in Wahrheit tut.
[127] Vgl. Phil 4,3 und *W. Bauer*, Wb⁵ 1054 (s. v. ναί 3).

[128] Zu der nur hier im NT vorkommenden, aber gern z. B. von Ignatius gebrauchten Formel ὀναίμην τινός vgl. Ign Eph 2,2; Pol 6,2; Magn 12 und *Blaß-Debrunner*¹⁴ § 169,3; Belege aus der Profangraecität bei *W. Bauer*, Wb⁵ 1130.

der Seinen für Paulus erhört und mit einer Reise in Freiheit nach Kolossä gekrönt werden. Es schließen sich in V 23f die aus den Paulusbriefen auch sonst gewohnten Schlußgrüße an und leiten über zum Segenswunsch in V 25.

21   Im Rückblick auf das bisher Vorgetragene versichert Paulus abschließend, er schreibe dem Philemon im Vertrauen auf dessen Gehorsam[129]. Das Stichwort ὑπακοή ist, wie eben schon angedeutet, eigentlich gemeint, muß also mit »Gehorsam« übersetzt werden und nicht etwa nur mit »Bereitwilligkeit«[130] oder »Entgegenkommen«[131]. Da Paulus aber in V 8f und 19b ausdrücklich auf sein apostolisches Recht zur Forderung verzichtet und sich zur Bitte an Philemon entschlossen hat, wirkt der Ausdruck an dieser Stelle befremdlich. War die Bitte nur rhetorisch gemeint und bricht in diesen Worten die apostolische Autorität wieder durch[132]? Kaum. Achtet man nämlich auf die Struktur der Äußerungen des Apostels, so zeigen 2 Kor 2,17; 12,19, daß Paulus aus der Kraft Gottes vor dem Angesicht Gottes spricht, und zwar im Namen Christi. Predigt, Befehl und Bitte des Apostels wollen also christliche Rede in der Kraft des Geistes sein (vgl. 1 Kor 7,40), wobei Gott Zeuge ist. Nun hat Paulus schon im Proömium (V 6) klargemacht, daß er für Philemon die rechte Erkenntnis des Willens Gottes in Christus erbittet. Der Hintergrund, von dem aus der Apostel argumentiert, ist also das Liebesgebot als der Wille Gottes, der zur Ehre des kommenden Christus ins Werk gesetzt werden soll. Vor diesem Hintergrund ist die von Paulus in V 8–20 geäußerte Bitte um die Wiederaufnahme des Onesimus eine Einladung zum praktischen Vollzug der Liebe. Nun kommt V 21 auf eben diese Einladung zur Praxis des Willens Gottes zurück und betont, Paulus vertraue darauf, daß Philemon dem Willen Gottes, um dessen Durchführung Paulus gebeten hat, gehorchen werde. Mit V 21a wird also weder die bisherige Bitte des Paulus doch noch in einen Befehl umgebogen, noch muß ὑπακοή übertragen verstanden werden. Paulus hat in V 8–20 darum gebeten, daß Philemon dem in Christus explizierten Willen Gottes nachkommen möge, und er vertraut nunmehr darauf, daß eben dies geschieht[133].

Was aber bedeutet das vielumrätselte »und ich weiß, daß du noch mehr tun

[129]   Paulus versichert seine Adressaten in seinen Briefen öfters solchen Vertrauens, vgl. 2 Kor 1,15; 2,3; Gal 5,10 und Phil 2,24 zeigen, daß es sich um ein Vertrauen »im Herrn« handelt. »Das Vertrauen wird dadurch unter einen eigentümlichen Vorbehalt gestellt: es erhebt sich nicht auf Grund menschlicher Berechnung und verzichtet deshalb auch auf menschliche Sicherheit, gewinnt aber dadurch die eigentümliche Sicherheit des Glaubens. Sachlich ist es nicht verschieden von dem Vertrauen auf Gott, das Phil 1,6 zu Worte kommt« (R. *Bultmann*, ThW VI 6,29ff).

[130]   So H. *Greeven*, Komm. 106.

[131]   K. *Staab*, RNT, 110.

[132]   Vgl. E. *Lohmeyer*, Komm. 191.

[133]   Gerade durch seine Bitte möchte Paulus, um mit 2 Kor 10,5 zu sprechen, die Absichten des Philemon an den Gehorsam gegenüber Christus binden. Obwohl E. *Lohse*, Komm. 286f und G. *Friedrich*, NTD, 195f mit Recht darauf hinweisen, es gehe Paulus um die Bindung des Philemon an das Liebesgebot als den Willen Gottes, betonen m. E. auch sie zu früh den autoritativen Charakter des apostolischen Wortes, dem gegenüber der Adressat zu Gehorsam verpflichtet ist, und machen so nicht wirklich verständlich, daß Paulus im Modus der Bitte an Christus binden will. Unsere Verse bieten aber gerade die Möglichkeit, Verkündigung, Befehl und persönliche Bitte des Apostels strukturell zu differenzieren. Es handelt sich um funktional unterschiedliche Redeweisen vor dem Forum Gottes.

wirst, als was ich dir sage«? Es muß nach V 21a bedeuten, daß Philemon den
ihm nahegelegten Willen Gottes nicht nur notgedrungen, sondern gern und
rückhaltlos erfüllt. Orientiert man sich an den zwei Beispielen, die wir in den
Paulusbriefen von solchem Handeln haben, am Vorgehen des Paulus selbst
nach 1 Kor 9,15ff[134] und am Exempel der Philipper nach Phil 4,10–20, wird
man auch hier vermuten dürfen, daß Paulus eines liebevollen und zugleich
großherzigen Handelns von seiten des Philemon gewiß ist. Worin dies bestehen kann, sagt Paulus zwar nicht expressis verbis, hat er aber in V 13f schon
vorgezeichnet: Er könnte Onesimus als Gehilfen sehr wohl brauchen, und er
scheint darauf zu hoffen, daß ihm dieser Wunsch erfüllt wird. Die Wiederaufnahme des Onesimus hat Paulus direkt erbeten – Philemon kann sich dieser
Bitte kaum ernsthaft entziehen. Die Freistellung des Onesimus für Paulus und
die Mission hat Paulus nur als wünschenswert dargestellt – sie wäre demnach
ein echtes »Mehr« über das hinaus, was Paulus unmittelbar erbeten hat. Eine
große Zahl von Kommentatoren gesteht diesen Gedankengang zu[135].
Da sich aber andere Ausleger gegen dieses Verständnis des Satzes sträuben[136],
ist es wichtig zu sehen, wie Philemon selbst die Äußerung des Paulus aufgefaßt
hat. Es ergibt sich aus Kol 4,7–9. Wir haben hier eine Notiz vor uns, die wahrscheinlich erst nach dem Phlm abgefaßt worden ist und unseren Vers historisch
ergänzt[137]. Nach Kol 4,7–9 sind Tychikus und der aus Kolossä stammende
Onesimus Abgesandte im Auftrag des Apostels, die den Kolossern Mitteilung
über Ergehen und Botschaft des Paulus machen sollen, sie stehen also beide
dem Paulus für solche Auftragsreisen zur Verfügung. Da von Tychikus weder
im Phlm noch in den anderen genuinen Paulusbriefen, sondern nur in den
Deuteropaulinen (Eph 6,21; Kol 4,7; 2 Tim 4,12; Tit 3,12) und Apg 20,4[138] die
Rede ist, handelt es sich in Kol 4,7–9 sicherlich um eine selbständige, vom Autor ad Colossenses verarbeitete Personaltradition[139]. Da diese aus der Zeit *nach*
Abfassung des Phlm stammt und Onesimus als im Dienste des Apostels stehend schildert, ergibt sich, daß Onesimus von Philemon für eben diesen Dienst

---

[134] Vgl. *E. Käsemann*, Eine paulinische Ver-
sion des ›amor fati‹, EVB II 223–239, bes. 238f.
[135] Vgl. z. B. *J. B. Lightfoot*, Komm. 343;
M. Meinertz, Komm. 119; *E. Eisentraut*, Philemon, 107f; *E. Lohmeyer*, Komm. 191f; *J.
Knox*, Philemon, 26f; *P. N. Harrison*, Onesimus and Philemon, 277; *L. K. Jang*, Diss. 47;
G. Friedrich, NTD, 196. – *Th. Preiss*, Vie en
Christ, 72 läßt die Frage in der Schwebe, und
H. Greeven, Komm. 107 betont: »Auch wenn
JKnox mit . . . Lohmeyer recht hat, das Pls
wie überhaupt in Phm so auch hier die Rücksendung des Onesimus im Auge habe, so ist das
nicht mit einer förmlichen Freilassung gleich-
zusetzen. Die juristische Seite der Sache ist
überhaupt nicht in Sicht.«
[136] Vgl. z. B. *H. Gülzow*, Christentum und
Sklaverei, 39; *W. G. Kümmel*, Einleitung[17],
308; *E. Lohse*, Komm. 287 und *A. Suhl*, Philemon, 272. 276f.

[137] Vgl. oben Anm. 84. Bei der zeitlichen
Nachordnung bleibt es auch, wenn man den
Kolosserbrief mit *W.-H. Ollrog*, Mitarbeiter,
236ff und *E. Schweizer*, Kol 20–27 als ein
weitgehend von Timotheus verfaßtes Auf-
tragsschreiben des Apostels ansieht.
[138] Nach dieser Stelle stammt Tychikus aus
Kleinasien, eine Notiz, die mit Kol 4,7–9 sehr
gut übereinstimmt.
[139] Obwohl auch *E. Lohse*, Komm. 240f die
Verse so beurteilt, lehnt er es auf S. 289f ab, sie
im Blick auf die Lebensgeschichte des Onesimus auszuwerten. Historisch ist das nicht ein-
zusehen, zumal die Grußliste des Kol nicht einfach deuteropaulinische Konstruktion sein
kann (vgl. *Schweizer*, Kol 23f und *J. Ernst*,
RNT, 242).

freigestellt worden sein muß. Philemon hat also in der Tat mehr getan, als ihm unmittelbar angetragen war. Er hat sich dafür entschieden, Onesimus für Paulus und den Missionsdienst freizugeben. Ob es sich dabei um eine regelrechte Freilassung oder nur eine Freistellung handelte, können wir den Quellen nicht unmittelbar entnehmen[140]. Wenn aber unsere oben (S. 18f) vorgetragene Kombination richtig war und unser Onesimus mit dem nachmaligen Bischof von Ephesus identisch ist, dann hat er auf den Brief des Apostels an Philemon und den Entscheid des Philemon hin die volle Freiheit gewonnen. Aber auch ohne diesen historischen Brückenschlag zu den Ignatiusbriefen und gestützt allein auf Kol 4,7–9, gilt von Onesimus, was Paulus von einem Sklaven, der frei werden kann, nach 1 Kor 7,21b verlangt, daß er aus seiner Freiheit im Dienste des Christus und seines Apostels sein möglichstes gemacht hat. – Wenn man die in Kol 4,7–9 bewahrten historischen Daten nicht überhaupt für die Auslegung des Phlm unbeachtet lassen will, läßt sich also die alte Frage, ob Onesimus Sklave geblieben oder freigelassen worden ist, wirklich entscheiden, und zwar im zweiten Sinne.

22   Mit einer auch in den Ps.Klem. Hom 12,2 nachweisbaren Wendung ξενίαν ἑτοιμάζειν τινί = »für jemanden das Gastzimmer herrichten«[141] bittet Paulus gleichzeitig darum, daß Philemon für ihn – wahrscheinlich doch in seinem eigenen Hause – Quartier vorbereiten soll. Paulus hofft also, in absehbarer Zeit eine Reise ins Lykostal antreten zu können. In unserem Zusammenhang bedeutet dies, daß Paulus hofft, sich in Bälde an Ort und Stelle u. a. auch von der Wirkung seines Schreibens überzeugen zu können. Für den oben skizzierten Entschluß des Philemon werden diese Reisepläne des Apostels vermutlich auch eine gewisse Rolle gespielt haben, mußte er doch damit rechnen, sein Handeln gegenüber Onesimus nicht nur vor seiner Hausgemeinde verantworten zu sol-

---

[140] E. *Lohmeyer*, Komm. 191 möchte aus dem betonten ἐγώ σου ὀναίμην in V 20 folgern, daß Paulus selbst und allein Nutznießer des Onesimus sein möchte, und *J. Knox*, Philemon, 25 stimmt ihm darin zu. Der Text ist mit solcher Schlußfolgerung überbeansprucht. Daß Onesimus wirklich freigelassen und nicht nur freigestellt worden ist, kann man höchstens aus folgenden Überlegungen schließen: Es ist – erstens – schwer vorstellbar, daß Onesimus dem Paulus auf der sonst üblichen Basis einer nur ausgeliehenen Arbeitskraft überlassen worden ist, dann hätte Paulus nämlich an Philemon regelmäßige Zahlungen für die Leistung seines bei ihm arbeitenden Sklaven senden müssen (vgl. zu dieser Form auswärtiger Anstellung von Sklaven W. L. *Westermann*, Slave Systems³, 22). Es dürfte – zweitens – für Philemon leichter gewesen sein, Onesimus ganz freizugeben, als ihn für Dauer gleichsam als verlorenen Sohn wieder in sein Haus und seine Gemeinde aufzunehmen. Bei der denkbar

engen Lebensgemeinschaft in einem »Hause« bot eine Wiederaufnahme auf die Dauer wohl mehr Schwierigkeiten als die Freilassung. Drittens aber reflektiert Kol 4,7–9 schon nicht mehr auf den besonderen Problemfall des Onesimus, setzt also voraus, daß Onesimus nur noch im Auftrag des Paulus tätig ist. Daß der Kolosserbrief mit seiner Sklavenparänese in 3,22ff speziell von dem Fall des Onesimus her motiviert wäre (so zuletzt *H. Gülzow*, Christentum und Sklaverei, 63f), ist von der deuteropaulinischen Gesamttheologie des Kolosserbriefes her ebenso unwahrscheinlich wie vom traditionellen Charakter der Haustafel 3,18ff her (so auch E. *Lohse*, Komm. 227 Anm. 4).

[141] J. B. *Lightfoot*, Komm. 343 vergleicht mit der griechischen Wendung – zu dieser vgl. W. *Bauer*, Wb⁵ 1083 – die lateinische Redensart parare hospitium, die bei Cicero und anderen gebraucht wird.

len, sondern zusätzlich noch vor dem Apostel persönlich[142]. In V 22b erläutert dieser, was ihn trotz seiner gegenwärtigen Gefangenschaft zu seinen Reiseplänen inspiriert. Es ist die Hoffnung, kraft der Fürbitte des Philemon und der Seinen aus der Gefangenschaft freizukommen und ihnen in Freiheit wiedergegeben zu werden. Paulus traut dem christlichen Fürbittengebet zu, daß es selbst ausweglos erscheinende Situationen zu wenden vermag (vgl. so z. B. auch Phil 1,19ff). In der Tat ist Paulus aus seiner ephesinischen Gefangenschaft freigekommen und hat, obwohl er anscheinend doch keine Reise mehr nach Kolossä gemacht hat (vgl. Kol 2,1), noch eine ganze Zeitlang in Freiheit wirken und, wahrscheinlich von Korinth aus, den Römerbrief abfassen können[143]. In V 23 und 24 folgt der Gruß einer Reihe von Mitarbeitern des Paulus. Diese   23 Grußreihe ähnelt der in Kol 4,10–14 gegebenen auffällig. Diese Ähnlichkeit erklärt sich gut, wenn der nach Paulus schreibende Verfasser des Kolosserbriefes bei Abfassung von Kol 4 u. a. auch auf den Phlm zurückgreifen konnte[144]. Epaphras, hier wohl im eigentlichen und nicht im übertragenen Sinn als »Mitgefangener« des Paulus bezeichnet, ist nach Kol 1,7; 4,12 der aus Kolossä stammende Begründer der kolossischen Gemeinde. Auf welche Weise auch Mitarbeiter des Apostels in Haft kommen konnten, zeigt das in Apg 19,29 geschilderte Beispiel der beiden Makedonier Gaius und Aristarch[145]. Um die Mitgefangenschaft des Epaphras als christlich-motiviert darzustellen, setzt Paulus zu συναιχμάλωτός μου ausdrücklich hinzu: ἐν Χριστῷ Ἰησοῦ. Ob man nach ἐν Χριστῷ ein Komma setzen und im Blick auf Kol 4,11, d. h. den dort erwähnten Jesus, genannt Justus, konjizieren soll Ἰησοῦ +ς = Ἰησοῦς, ist fraglich[146]. Obwohl Paulus im Phlm selbst die ihm sonst ganz geläufige formelhafte Wendung ἐν Χριστῷ Ἰησοῦ nicht noch einmal bringt und nur ἐν Χριστῷ schreibt (vgl. V 8 und 20)[147], ist aber eine solche Konjektur gegen die gesamte alte handschriftliche Überlieferung weder ratsam noch wirklich erforderlich.

---

[142] A. Suhl, Philemonbrief, 272.274f möchte aus den in V 22 geäußerten Reiseabsichten des Paulus schließen, daß der Apostel weder mit der Rückkehr des Onesimus an seinen Gefangenschaftsort noch auch mit seiner baldigen Freilassung gerechnet habe. Aber Paulus begründet seine Reisepläne gar nicht ausschließlich damit, Philemon kontrollieren zu wollen, noch hat er seine Missionsgehilfen nur zu persönlichen Dienstleistungen eingesetzt. Er hat sie vielmehr mit besonderen Aufträgen ausgesandt, und Kol 4,7ff zeigen, daß dies auch bei Onesimus der Fall war.

[143] Vgl. Apg 20,1ff. Ob man den Verzicht auf eine Reise nach Kolossä mit der Freilassung des Onesimus in Zusammenhang bringen darf, ist nicht sicher.

[144] E. Lohse schließt aus seinem Vergleich der Grußlisten im Philemon- und Kolosserbrief (Komm. 246ff), daß der Verfasser des Ko-

losserbriefes »den Philemonbrief gekannt und benutzt haben (muß). Jedenfalls ist aus dem Vergleich der beiden Grußlisten zu ersehen, daß der Philemonbrief vor dem Kolosserbrief geschrieben worden sein muß«, und zwar nach der »bewährten Regel, daß der kürzere Text als der ältere anzusehen ist« (a.a.O. 247). Ähnlich E. Schweizer, Kol 176f.

[145] Zu dem nach Apg 20,4 aus Thessalonich stammenden Aristarch vgl. V 24.

[146] Die Konjektur wird vorgeschlagen von Th. Zahn, Einleitung in das Neue Testament I, ³1924, 321 und von E. Amling, Eine Konjektur im Philemonbrief, ZNW 10, 1909, 261f. Auch E. Lohse, Komm. 288 hält sie für sehr wahrscheinlich.

[147] E. Lohse, Komm. 288 Anm. 2; Paulus schreibt im Phlm auch nur ἐν κυρίῳ und nicht ἐν κυρίῳ Ἰησοῦ Χριστῷ (vgl. V 16 und 20).

24 Als zweiter Name in der Grußliste folgt Markus, der auch in Apg 12,12.25; 13,13; 15,37–39; Kol 4,10 und 2 Tim 4,11 erwähnte (zeitweilige) Mitarbeiter des Paulus. Historisch stellt dieser Johannes-Markus aller Wahrscheinlichkeit nach eine gewisse Mittlerfigur zwischen Paulus und seinem großen Rivalen Petrus dar (vgl. 1 Petr 5,13)[148]. Aristarch war nach Apg 19,29 (s. o.) und 27,2 ein aus Makedonien stammender Begleiter und Mitarbeiter des Paulus in Ephesus, auf der Kollektenreise nach Jerusalem (Apg 20,4) und auf seiner letzten Fahrt nach Rom (Apg 27,2). Demas ist uns nur noch aus Kol 4,14 bekannt und soll gemäß 2 Tim 4,11 Paulus später wieder verlassen haben. Lukas schließlich wird ebenfalls in Kol 4,14 und 2 Tim 4,11 erwähnt. Der Kolosserbrief berichtet, daß es sich um einen Arzt gehandelt hat[149], und 2 Tim 4,11 bescheinigt ihm (im Gegensatz zu Demas) seine Treue gegenüber dem Apostel. Insgesamt sind also eine ganze Reihe von Begleitern und Mitarbeitern um Paulus geschart, eine Situation, die nur in einer verhältnismäßig freien Schutzhaft denkbar ist (vgl. oben S. 21). Wenn sie alle Philemon im Anschluß an den voranstehenden Bittbrief des Apostels grüßen, erscheinen sie ganz unwillkürlich als Männer, die den Wunsch des Paulus unterstützen und von Philemon eine christliche Reaktion erwarten, die auch ihnen insgesamt einleuchtet.

25 Mit dem auch aus den anderen Paulusbriefen (1 Kor 16,23f; 2 Kor 13,13; Gal 6,18; Phil 4,23; 1 Thess 5,28) her vertrauten Gnadenwunsch schließt Paulus seinen Brief ab. Wie der Segenswunsch im Präskript (V 3) ist auch dieser Wunsch wieder an die Hausgemeinde des Philemon insgesamt adressiert, dokumentiert also zuletzt noch einmal die Gemeindebezogenheit unseres kleinen Briefes. Die hier für die Gemeinde des Philemon erbetene Gnade ist die schon in V 3 erwähnte Zuwendung Gottes in Werk und Person Jesu Christi. Zu τοῦ κυρίου setzen einige Zeugen (ACD, Koine usw.) das aus Gal 6,18; 1 Thess 5,28 vertraute ἡμῶν hinzu; wie Phil 4,23 zeigt, kann das Pronomen aber auch fehlen. Der nachträgliche Zusatz des ἡμῶν ist leichter begreiflich als eine Streichung. Wenn Paulus wie in Gal 6,18 und Phil 4,23 statt bloßem μεθ' ὑμῶν pleonastisch schreibt: μετὰ τοῦ πνεύματος ὑμῶν, gebraucht er πνεῦμα anthropologisch. Er folgt dabei der jüdischen Anthropologie, die, wenn sie von πνεῦμα spricht, den Menschen als ein mit Wille, Empfindungsvermögen und Lebenskraft ausgestattetes, vor Gott stehendes Wesen meint[150]. Gottes Gnade in Christus soll nach diesem Abschlußwunsch den Philemon und die Seinen in ihrem ganzen Dasein begleiten und umfangen. Mit solchem Segensgruß kehrt der Brief zu seinem Eingang zurück und erweist sich wie die anderen Paulusbriefe auch als eine Mitteilung, deren Vorzeichen, Grund und Perspektive Gottes Begegnung mit den Menschen durch und in Christus ist.

---

[148] Auf eine gewisse Rivalität zwischen Petrus und Paulus lassen schließen: Gal 2,8.11ff; 1 Kor 9,1–6; 15,5.10.
[149] W. L. *Westermann*, Slave Systems[3], 114f gibt Beispiele dafür, daß auch Ärzte wiederholt aus dem Sklavenstand kamen.
[150] Vgl. E. *Schweizer*, ThW VI 433,15ff und H. W. *Wolff*, Anthropologie, 57–67.

5. Zusammenfassung

Blicken wir auf den Phlm insgesamt zurück, so hat sich unser eingangs vorge-
schlagenes Urteil bestätigt. Der Phlm ist ein sehr persönlich gehaltener, eindringlich argumentierender Brief der Fürsprache für den entlaufenen Sklaven
Onesimus, aber kein apostolisches Manifest zum Thema der Sklaverei. Paulus
ist es gelungen, Onesimus für das Evangelium zu gewinnen, und er setzt sich
nunmehr bei Philemon, dem Herrn des Onesimus, für den jungen Christen
ein. Das Hauptziel des Apostels ist es dabei, für den Flüchtling von einst und
nunmehrigen Rückkehrer bei Philemon und in dessen Hausgemeinde Vergebung und Anerkennung als christlichem Mitbruder durchzusetzen. Um dieses
einen Gesichtspunktes willen ist Paulus zunächst bereit, seine eigenen Wünsche und Hoffnungen auf Onesimus zurückzustellen und sogar Schadenersatz
zu leisten für jene finanzielle Einbuße, die Philemon durch Flucht und Dieb-
stahl (?) des Mannes erlitten hat. Umgekehrt mutet Paulus dem Philemon und
der um ihn versammelten Hausgemeinde zu, über die schmerzlichen und ent-
täuschenden Erfahrungen der Vergangenheit hinauszusehen, die mit Onesimus geschehene Wandlung zu achten und in der Freiheit jener Liebe, die der
Wille Gottes in Christus ist, einen neuen Anfang zu setzen. Praktisch bedeutet
dies, daß Philemon und den Seinen zumindest abverlangt wird, mit Onesimus
fortan Glaube, Hoffnung und Freude zu teilen, ihn gleichberechtigt in den
Kreis der das Herrenmahl Feiernden aufzunehmen und ihn gleichzeitig auch
als Arbeitsgenossen neu zu respektieren.

Gleichzeitig läßt der Apostel freilich durchblicken, daß ihm eine Freistellung
des Onesimus für den Dienst bei ihm selbst und in der Mission hochwillkom-
men wäre. Aber er überläßt es doch der freien Entscheidung des Philemon, ob
er Onesimus wirklich freigeben oder ihn weiterhin in seinem Hause als Arbeitskraft beschäftigen, also selbst behalten will. Beide Möglichkeiten der Entscheidung stehen Philemon offen, und der Apostel ist bereit, beide Entschei-
dungen zu respektieren. Paulus räumt dem Philemon bewußt die Freiheit ein,
mit Onesimus so zu verfahren, wie er es selbst für richtig hält. Als unabdingbar
gilt ihm nur die eine Forderung, daß die Liebe als der Wille Gottes Maßstab des
Handelns zu sein habe. Als Brief der Fürbitte ist der Phlm also zugleich ein
Brief der Liebe und der Freiheit. Aus Kol 4,7–9 läßt sich historisch ersehen, daß
Philemon dem Onesimus nicht nur vergeben hat und damit der Hauptbitte des
Paulus nachgekommen ist, sondern daß er noch mehr getan hat. Er hat Onesi-
mus für Paulus und den Missionsdienst freigegeben, und Onesimus war an-
schließend als Sendbote des Paulus tätig. Die Angaben des Ignatius in seinem
Epheserbrief lassen sogar vermuten, daß Onesimus später zum Bischof von
Ephesus aufgestiegen ist. Das signifikante Schicksal des ehemaligen Sklaven
Onesimus, dessen Ausstrahlung wir wahrscheinlich auch die Überlieferung
unseres kleinen Paulusbriefes verdanken, rückt damit in Parallele zum Le-
bensweg des Kallist, der zu Beginn des 3. Jh.s Bischof von Rom war und ebenfalls »aus dem Sklavenstand in das höchste Amt der Kirche aufstieg«[151].

Der Phlm dokumentiert demnach drittens, daß die Lebens- und Rechtsverhältnisse der Zeit von Paulus und seinen Freunden nicht einfach religiös übersehen oder im Glauben hingenommen und sanktioniert wurden, sondern daß man sie im Dienste des Evangeliums gleichzeitig zu respektieren und so zu nutzen wußte, wie das Evangelium dies ratsam erscheinen ließ. Die Auslegungsgeschichte unseres Briefes zeigt nun freilich, daß eben dieses freiheitliche Element kirchlich immer wieder als problematisch erschien. Man hat den Phlm für lange Zeit nur so zu rezipieren vermocht, daß man ihn einseitig auf eine antienthusiastische Frontstellung festlegte.

6.   Auslegungs- und Wirkungsgeschichte

Die kirchliche Auslegung und Rezeption des Phlm ist entscheidend geprägt worden durch die Homilien des Johannes Chrysostomus (gest. 407)[152] und den uns lateinisch erhaltenen Phlm-Kommentar des Theodor von Mopsvestia (gest. 428)[153].

Schon Johannes Chrysostomus muß unseren Brief gegenüber Kritikern verteidigen, die den nur für einen einzelnen Mann in einer scheinbar geringfügigen Sache eintretenden Phlm für »überflüssig« halten[154]. Seiner eigenen ausführlichen Auslegung stellt er drei Interpretationsgesichtspunkte voran. Wenn schon Paulus, der Apostel, sich nicht scheut, für einen Flüchtling, Wegelagerer und Dieb einzutreten, müssen die Christen dies erst recht tun. Das Beispiel des Onesimus, der aus einem Dieb zu einem ordentlichen Menschen wurde, zeigt zweitens, daß man Sklaven selbst dann nicht aufgeben soll, wenn es mit ihnen zum äußersten gekommen zu sein scheint; und wenn man schon Sklaven nicht aufgeben darf, dann Freie auch und erst recht nicht. Drittens zeigt der Phlm, daß es sich nicht schickt, anderen ihre Sklaven abspenstig zu machen. Je tüchtiger ein Sklave ist, um so mehr soll er im Hause bleiben, seinen Herrn anerkennen und sich für ihn einsetzen. Zur Begründung dieser These verweist Joh. Chrysostomus ausdrücklich auf 1 Kor 7,21[155] und zusätzlich auf 1 Tim 6,1. Warum ihm dieser letzte Punkt so wichtig ist, läßt er deutlich erkennen. Es geht um die missionarische Wirkung in seiner eigenen Zeit. Wenn nämlich tüchtige Sklaven auch als Christen bei ihren Herren bleiben, dann, schreibt er, müssen sogar die Griechen anerkennen, daß selbst Sklaven und Dienstleute Gott wohlgefällig sein können[156], und dann erhalten jene Zeitgenossen keine

[151]   *H. Gülzow*, Christentum und Sklaverei, 144. Zum Gesamtschicksal Kallists vgl. a.a.O. 146–172.

[152]   MPG 62, 701–720.

[153]   Theodori episcopi Mopsuesteni in epistolas B. Pauli commentarii, ed. *H. B. Swete*, II, Cambridge 1882, 258–286: Theodorus Mopsuestenus in Epistolam b. Pauli ad Philemonem.

[154]   a.a.O. 702. Vgl. zum folgenden auch *E. Eisentraut*, Philemon, VII.

[155]   Seine Auslegung legt den Akzent auf das Bleiben der Sklaven in ihrem Stand. Nach dem Zitat von 1 Kor 7,21 fügt er a.a.O. 704 ausdrücklich hinzu: »τουτέστι, τῇ δουλείᾳ παράμενε.« Vgl. auch oben Anm. 110.

[156]   a.a.O. 704.

antichristlichen Argumente, welche behaupten, das Christentum sei eine Sache des Umsturzes[157].

Ganz ähnlich argumentiert Theodor. Auch er verteidigt den Phlm gegen den Vorwurf der Unerheblichkeit. Ebenso wie Johannes Chrysostomus wendet er sich dann gleich zu Beginn seiner Auslegung mit einem ausführlichen Argumentum gegen Leute, die aus religiösen Motiven heraus die bestehende Weltordnung aufheben, die Unterschiede zwischen Sklaven und Herren, Armen und Reichen, Herrschern und Beherrschten nivellieren wollen[158] und anders als Paulus im Phlm der Auffassung seien, ein uns im Glauben verbundener und von sich aus zum Christentum übertretender Sklave müsse freigelassen werden[159].

Ihnen hält Theodor mit Berufung auf Röm 13,1–7 entgegen, nach Paulus könne und solle jeder in seinem Stande bleiben. Die bestehenden Standesunterschiede seien gottgewollt und minderten die Gelegenheit zur Ausübung der Frömmigkeit nicht. Am Phlm selbst hält es Theodor für bewundernswert, wie sehr sich der große Apostel für einen einzelnen Sklaven einsetze und daß er zwar nicht auf die Freilassung, aber auf die Wiederaufnahme und Vergebung für Onesimus dränge. Der Phlm bietet somit ein großartiges Beispiel für die humilitas des Paulus und ist als solches im biblischen Kanon von Gewicht.

Fragt man nach der Front, gegen die Johannes Chrysostomus und Theodor sich wenden, stößt man über die Missionssituation hinaus auf das radikale Mönchtum in Gestalt der Anhänger des Eustathius von Sebaste in Paphlagonien und die in Nordafrika ihr Unwesen treibenden Scharen der sog. Circumcellionen[160]. Die Eustathianer verwarfen neben der Ehe auch die Sklaverei und begünstigten deshalb die Sklavenflucht, während die Circumcellionen Sklaven und Herren demonstrativ die Plätze tauschen ließen, die Freilassung von Sklaven erzwangen und darüber hinaus Racheaktionen entlaufener Sklaven an ihren ehemaligen Herren unterstützten. Unsere beiden Kommentare gehören also hinein in die kirchlichen Auseinandersetzungen mit dem altkirchlichen Schwärmertum, und in der Frontstellung gegen diesen monastischen Enthusiasmus hat die kirchliche Rezeption und Wertung des Phlm jene Gestalt ange-

---

[157] Jene Leute sind nach Chrysostomus der Meinung: ἐπὶ ἀνατροπῇ τῶν πάντων ὁ Χριστιανισμὸς εἰς τὸν βίον εἰσενήνεκται . . . καὶ βίας τὸ πρᾶγμά ἐστιν« (a.a.O. 704).

[158] Theodor schreibt a.a.O. 262: »plurimi vero nostris temporibus, nescientes quae qualiter et quando fieri debeant, existimant contemplatione pietatis oportere omnia praesentis vitae confundi et nullam esse discretionem inter servos et dominos, divites et pauperes, eos qui sub principatibus sunt et qui principari aliis videntur; sed haec solum sibi competere existimant ut cum multa auctoritate de his quae sibi videntur imperent illis, nescio unde hanc potestatem sibi vindicantes«.

[159] ». . . oportet servum fide nobis iunctum et ad pietatem sponte currentem liberari de servitio . . .« (a.a.O. 264). Eine ähnliche Auffassung wie die hier apostrophierten Leute scheint Isidor von Pelusium zu vertreten, vgl. oben Anm. 34.

[160] Vgl. *H. Bellen*, Studien zur Sklavenflucht, 81–84. Zur Frage der historischen Beurteilung der Circumcellionen vgl. Bellens Rezensenten *H. Brockmeyer*, Gnomon 46, 1974, (182–187) 184 und *K. Müller*, Kirchengeschichte I, 1, ³1941 hrsg. von H. Frhr. v. Campenhausen, 702ff.

nommen, die bis weit über die Reformationszeit hinaus konstant geblieben ist. Hieronymus verteidigt den Phlm gegen den Vorwurf mangelnder Erbaulichkeit und fehlender geistlicher Tiefe wie seine beiden griechischen Vorgänger auch[161]. In seiner Auslegung rühmt er den Wert freiwilliger Güte und betont zu V 15f, daß ein christlicher Sklave an seinen Herrn kraft eines zwiefachen Gesetzes gebunden sei: Kraft der fleischlichen Bindungen für die Zeit auf Erden und kraft des heiligen Geistes auch in Ewigkeit[162]. Der Ambrosiaster hebt die humilitas des Apostels rühmend hervor, die diesen, statt zu befehlen, für Onesimus bitten lasse. Er betont den Weg der Besserung, den Onesimus bis hin zu seiner Rückkehr zu Philemon durchlaufen hat, und hebt die Absicht des Paulus hervor, zwischen Philemon und seinem Sklaven ein Bruderschaftsverhältnis zu stiften, das von Verachtung und Hochmut ungetrübt ist[163]. Für Thomas von Aquin lehrt der Phlm, wie sich irdische Herren gegenüber ihren Sklaven und Sklaven gegenüber ihren Herren verhalten sollen. Er geht bei dieser Auslegung von Sir 33,31 aus, zeichnet nach, wie sehr sich Paulus für Onesimus als Kind seines Alters einsetzt, und betont, der Apostel könne Onesimus nur deshalb entgegen der Anweisung von Dtn 23,16 zu Philemon zurücksenden, weil er sich gleichzeitig so persönlich für ihn verwende und niemand Onesimus nach dem Leben trachte[164]. Erasmus von Rotterdam schließlich kann sich nur über diejenigen wundern, die an der paulinischen Herkunft des Phlm zweifeln wollten. Der Brief dokumentiert für ihn die großartige Menschlichkeit des Apostels, mit der er sich für den flüchtigen Sklaven Onesimus verwendet. Gleichzeitig hebt er rühmend hervor, daß selbst Cicero in ähnlicher Situation nicht feinsinniger hätte schreiben können, als Paulus dies tat[165].

Auch die Reformatoren stehen in dieser Auslegungstradition. Luthers bekannte Vorrede aus dem Septembertestament von 1522 zeigt dies ganz deutlich:

»Diese Epistel zeigt ein meisterlich lieblich Exempel christlicher Liebe. Denn da sehen wir, wie S. Paulus sich des armen Onesimi annimmt und ihn gegen seinen Herrn vertritt mit allem, was er vermag, und stellet sich nicht anders, als sei er selbst Onesimus, der sich versündigt habe. – Doch tut er das nicht mit Gewalt oder Zwang, wozu er wohl Recht hätte, sondern entäußert sich seines Rechtes, womit er zwingt, daß Philemon sich seines Rechtes auch verzeihen 〈Anm. des Hrsg.s: auf sein Recht verzichten〉 muß. Eben wie uns Christus getan hat gegenüber Gott dem Vater, also tut auch S. Paulus für Onesimo gegenüber Philemon. Denn Christus hat sich auch seines Rechtes entäußert und mit Liebe und Demut den Vater überwunden, daß er seinen Zorn und Recht hat müssen legen und uns zu Gnaden nehmen um Christi willen, der also ernstlich uns vertritt und sich unser so herzlich annimmt. Denn wir sind alle seine Onesimi, wenn wir's glauben.«[166]

[161] MPL 26, 636–638, vgl. oben Anm. 3.
[162] a.a.O. 630.
[163] CSEL 81,3, ed. H. J. Vogels, 339.340.
[164] Super Epistolas S. Pauli Lectura, ed. P. R. Cai, II[8], 327.331f. Vgl. zu Thomas und seiner

Auslegung auch *E. Eisentraut*, Philemon, VIIf.
[165] Opera Omnia VI, 980; vgl. zu Erasmus ferner *E. Eisentraut*, a.a.O. IX.
[166] Luthers Vorreden zur Bibel, hrsg. von *H. Bornkamm*, Furche-Bücherei 238, 1967, 171f.

Die Vorlesung, die Luther im Dezember 1527 über den Phlm gehalten hat[167], erlaubt es, seine Auslegung einzuordnen und zu präzisieren. Im Kampf gegen die Schwärmer wird ihm Onesimus zu einem Mann, der sich bei seiner Flucht möglicherweise von einem fleischlichen Mißverständnis christlicher Freiheit leiten ließ. Paulus dagegen respektiert Recht und Besitzstand des Philemon, hebt die Sklaverei nicht auf, sondern setzt sich inmitten der bestehenden Verhältnisse für Onesimus ein, und zwar mit einem rhetorischen und menschlichen Nachdruck sondergleichen. Er möchte den Philemon zu einem freiwilligen Glaubenshandeln gegenüber Onesimus inspirieren und ist selbst bereit, beides zu akzeptieren, daß Philemon ihm den Onesimus zurückschickt oder ihn selbst behalten möchte.

Johannes Calvin, in ähnlicher Problemlage wie Luther, setzt in seinem 1551 erschienenen Phlm-Kommentar[168] die Akzente etwas anders. Zwar betont auch er, daß der Glaube an das Evangelium die bestehende Gesellschaftsordnung nicht umstürze[169], wertet aber die implizite Bitte des Paulus in V 13 stärker als Luther, nämlich als Wunsch des Apostels, Onesimus doch wieder zurückgesandt zu bekommen[170].

Die eigentlich historische Exegese des Phlm beginnt mit den »Annotationes in Epistolam ad Philemonem« des Hugo Grotius, die 1642 erstmals im Druck erschienen sind[171]. Unser Brief wird von Grotius sowohl philologisch als auch rechtshistorisch aus seiner eigenen Zeit heraus erklärt. Der oben zitierte Brief Plinius' d. J. an Sabinian erscheint schon bei Grotius als Parallele zur Fürsprache des Apostels für Onesimus[172], und seine genaue Kenntnis des römischen Rechtes verhilft ihm, die rechtlichen Implikationen der Sklavenflucht und der von Paulus eingegangenen Verpflichtung auf Schadenersatz genau zu sehen und darzustellen. Während der Exegese des großen Juristen sonst jede Erbaulichkeit und dogmatische Dimension fehlt, sieht er sich jedoch interessanter-

---

[167] WA 25, 69–78.

[168] Joh. Calvins Auslegung der Heiligen Schrift, Neue Reihe, hrsg. v. O. Weber, Bd. 17, 1963, 625–635.

[169] »Der Glaube an das Evangelium stürzt die Ordnung der Gesellschaft nicht um. Die Herren sollen ihr Anrecht und ihre Herrschaft gegenüber den Sklaven nicht verlieren. Philemon war ja nicht nur ein Glied der Gemeinde, sondern war ein Mitarbeiter des Paulus am Weinberg des Herrn; daher wird ihm die Herrengewalt über seine Sklaven, die das Gesetz erlaubte, nicht entzogen. Geboten wird ihm aber auf Grund der gewährten Vergebung, seinen Sklaven mit Menschlichkeit aufzunehmen. So bittet Paulus, Philemon solle Onesimus wieder seine frühere Stellung geben« (a.a.O. 634).

[170] Der Apostel »deutet damit an, daß es ihm nicht unwillkommen wäre, wenn Onesimus wieder (zu ihm) zurückgeschickt würde; das wäre ihm lieber, als wenn Onesimus im Haus (des Philemon) hart behandelt würde . . . Der

Apostel will, so zeigt es sich weiter, in seiner Bescheidenheit dem Recht des Philemon keinen Eintrag tun; aber er deutet endlich an, daß Philemon besondere Anerkennung verdiente, wenn er den Sklaven, der unter seine Gewalt zurückgekehrt ist, aus freiem Willen wieder zurücksendete. Daraus läßt sich erkennen, daß wir den Zeugen Christi mit allen Mitteln helfen sollen, da sie ja die Bekundung des Evangeliums unter allen Mühen auf sich genommen haben . . .« (a.a.O. 631).

[171] Ich zitiere nach der von *C. E. v. Windheim* 1756 in Erlangen hrsg. Neuausgabe: Hugoni Grotii Annotationes in Novum Testamentum, Tom. II, Pars I, 831–837. Die Philemonauslegung des Hugo Grotius wird näher untersucht und zeitgeschichtlich eingeordnet von *W. Köhler*, Die Annotata des Hugo Grotius zum Philemonbrief des Apostels Paulus, Grotiana 8, 1940, 13–24.

[172] A.a.O. 833; vgl. *W. Köhler*, Annotata, 16.

weise veranlaßt, zu V 15 ausführlich festzustellen, daß die evangelische Lehre
die weltlichen Stände weder aufhebe noch Veranlassung biete, die bestehenden
Unterordnungs- und Herrschaftsverhältnisse aufzulösen[173]. Grotius setzt also
die reformatorische Phlm-Auslegung, historisch modifiziert, fort.

Cornelius a Lapide (gest. 1637) führt unterdessen auf katholischer Seite die alt-
kirchliche Auslegung unseres Briefes weiter. Zu Beginn seines Phlm-Kommentars resümiert er die Grundsätze der Väterexegese und weist auf das ein-
drückliche Schicksal des Onesimus hin, der nach seiner Buße vom Sklaven zum
Bischof von Ephesus und zum Märtyrer unter Trajan aufstieg. Den Phlm wertet er dann als biblische Lehre für den Umgang von Christen und Pastoren mit
den Armen, mit Knechten und Mägden, d. h. jenem Kreis von Menschen, denen nach Mt 11,5 und Jak 2,5 die Sendung Jesu und die Erwählung in besonde-
rem Maße gelten[174]. Seiner Auslegung ist auf protestantischer Seite die Interpretation des Phlm in Johann Albrecht Bengels Gnomon an die Seite zu stellen.
Für Bengel ist der Phlm ein neutestamentliches Musterbeispiel für jene höchste
Weisheit, mit der die Christen irdische Angelegenheiten auf Grund höherer
Prinzipien handhaben sollen[175]. V 16 wird von ihm so gedeutet, daß er das
ὑπὲρ δοῦλον mit libertus gleichsetzt, also davon ausgeht, daß Onesimus einst
Sklave war, nun aber als Freigelassener und Bruder bei Philemon bleibt und
diesem so mehr Nutzen bringt, als von einem Sklaven je zu erwarten gewesen
wäre[176].

Eben dieser Gedanke wirkt in die Exegese des 19. Jh.s fort. Nach Johann Friedrich von Flatt ist unser Brief »wiewohl nur ein Privatschreiben, im Geiste des
Christentums geschrieben«, so daß sich aus ihm »wichtige, allgemein brauch-
bare praktische und religiöse Wahrheiten ableiten (lassen)«[177]. Eine dieser
Wahrheiten ist die, daß das Christentum, wie der Werdegang des Onesimus
zeigt, gerade durch seine religiöse Bildung die Menschen auch zu pflichtbe-
wußten Erdenbürgern erzieht. Nach Flatt richtet der Apostel in unserem Brief
an Philemon zwar nur die Bitte, er möchte Onesimus vergeben, ihn von aller

---

[173] » . . . Doctrina evangelica non tollit sta-
tuum differentias, et imperia dominorum in
servos, ut adparet I Timoth. VI, 1,2. Tit. II,9.
I Petr. II,10. Ephes. VI, 5,6.Col. III,22. Nulla
ergo causa est, cur Christianus, qui ut dominus
in servos habere imperium potest, non possit in
subditos habere, ut princeps. Paria sunt in
domo dominus, in regno rex« (a.a.O. 834; zum
Anlaß dieser Bemerkung vgl. W. Köhler, Annotata, 21ff).

[174] Commentaria in omnes Divi Pauli epistolas, auctore R. P. Cornelio Cornelii a Lapide,
Ultima Editio aucta et recognita, Antwerpen
1656, 816–830; die Vorrede, auf die ich mich
oben beziehe, a.a.O. 816. Zu V 12 betont a Lapide unter Verweis auf Theophylact, Paulus
sende Onesimus trotz seines Wunsches, ihn zu
behalten, zurück zu seinem Herrn, »tum ut
eius iracundiam placeat, tum ut ostendat servos

fugitivos iure iustitiae haeris suis esse restitu-
endos« (a.a.O. 228). Vgl. zu a Lapides Kom-
mentierung auch E. Eisentraut, Philemon, IX.
[175] Ich zitiere nach folgender Ausgabe: D.
Joh. Alberti Bengelii Gnomon Novi Testamenti, ed. P. Steudel, ⁸1887. Zu V 1 bemerkt Bengel: »Epistola familiaris . . . inserta est libris
N. T. summae sapientiae praebitura specimen,
quomodo Christiani res civiles debeant tractare
ex principiis altioribus« (a.a.O. 865).
[176] Zu V 16 heißt es bei Bengel u. a.: ». . .
Servus fuerat . . . Supra servum: ex quo
maiorem, quam e servo sis fructum capturi
. . . In carne ὑπὲρ δοῦλον est libertus (cf.
ὑπέρ V. 21), in Domino frater« (a.a.O. 867).
[177] J. F. v. Flatt, Vorlesungen über die Briefe
Pauli an die Philipper, Kolosser, Thessalonicher und an Philemon, hg. v. C. F. Kling,
1829, 463.

Strafe freisprechen, gütig aufnehmen und behandeln[178], versteht dann aber V 21 doch als »eine feine Andeutung, daß Paulus hoffte, Philemon werde seinem Sklaven sogar freiwillig die Freiheit schenken«, und setzt im Sinne Bengels hinzu: »Auch als libertus konnte Onesimus immer in seinem Hause bleiben (V. 15)«[179]. Für Wilhelm Martin Leberecht de Wette hat der Phlm »zwar keine lehrhafte oder kirchengeschichtliche Wichtigkeit, ist aber eine unschätzbare, die liebenswürdige gemütliche Persönlichkeit des Ap(ostels) trefflich charakterisierende Urkunde«[180]. Er denkt sich das in V 16 gemeinte neue Verhältnis zwischen Philemon und Onesimus ebenso wie Bengel und Flatt[181], und dieser Auffassung schließt sich später dann auch Friedrich Bleek an[182]. Johann Christian Konrad von Hofmann lehnt zwar de Wettes und Bleeks Verständnis von V 16 ab[183] und reflektiert nicht weiter auf einen möglichen Freigelassenen-Status des Onesimus, meint dann aber zu V 21 doch, der Apostel habe dem Philemon hier den Gedanken der Freilassung des Onesimus nahelegen wollen[184]. Wie Onesimus diese Freiheit hätte nützen sollen und können, wird in v. Hofmanns auf eine spirituelle Durchdringung des Textes konzentrierter Exegese nicht näher verdeutlicht.

Die Phlm-Auslegung des ausgehenden 19. und des beginnenden 20. Jh.s steht dann vollends im Zeichen der bis heute ungelösten exegetisch-systematischen Grundfragen. Heinrich August Wilhelm Meyer betont zu V 16: »Das Christenthum schafft die Rang- und Standesunterschiedenheiten nicht ab, gleicht sie aber sittlich aus . . ., indem es sie mit der einigenden Weihe des Lebens in Christo durchdringt«[185]. Diese Bemerkung ist fast wörtlich in die Meyer nachfolgende Bearbeitung seines Phlm-Kommentars durch August Hermann Franke übernommen worden[186]. Franke sieht den Apostel nirgends wirklich auf die Freilassung oder Freistellung des Onesimus dringen. Auch Erich Haupt weist diesen Gedanken weit von sich und betont mit größter Entschiedenheit, Paulus habe den Problemfall des Onesimus gemäß der von ihm in Röm 13,1ff und 1 Kor 7,20ff aufgestellten Grundsätze zu lösen unternommen, denen entsprechend »der Christ sich in jede bestehende Rechtsordnung zu fügen (hat)«[187]: »Die christliche Bruderschaft«, meint Haupt, »ist von der sozialen Stellung völlig unabhängig«[188]. Auf einen ganz ähnlichen Tenor ist Adolf

---

[178] A.a.O. 456.
[179] A.a.O. 460.
[180] Kurze Erklärung der Briefe an die Colosser, an Philemon, an die Ephesier und Philipper, ²1847, 78.
[181] Vgl. a.a.O. 83f.85.
[182] F. Bleeks Vorlesungen über die Briefe an die Kolosser, den Philemon und die Ephesier, hrsg. v. F. *Nitzsch*, 1865, 169.
[183] Die heilige Schrift des neuen Testaments zusammenhängend untersucht, IV, 2: Die Briefe Pauli an die Kolosser und an Philemon, 1870, 209f.
[184] Vgl. a.a.O. 216.

[185] Kritisch exegetisches Handbuch über die Briefe Pauli an die Philipper, Kolosser und an Philemon, MeyerK 9, ⁴1874, 444.
[186] Handbuch über die Briefe Pauli an die Philipper, Kolosser und Philemon, MeyerK 9, ⁵1886, 533: »Das Christenthum schafft die Rang- und Standesverschiedenheiten nicht ab, gleicht sie aber sittlich aus (1 Tim. 6,2), indem es sie mit der einigenden Weihe des Lebens in Christo durchdringt, 1 Cor. 7,21f.12,13. Gal. 3,28. Col. 3,11.«
[187] Die Gefangenschaftsbriefe, MeyerK 8, und 9, ⁶/⁷1897, 6.
[188] A.a.O. 206.

Schlatters Phlm-Exegese eingestellt[189], während Paul Ewald V 15f und 21 nur so verstehen kann, daß Paulus von Philemon die Freilassung des Onesimus erbittet und dieser sie auch gewährt[190]. Wilhelm Lueken schließlich läßt im Göttinger Neuen Testament die Frage offen[191], betont, »daß das Christentum als religiöse Erneuerung und nicht als soziale Reform in die Welt getreten ist«, und setzt hinzu: »Dabei hat Paulus genug getan, um eine solche Reform vorzubereiten. Gerade dafür ist der kleine Brief an Philemon eins der schönsten Zeugnisse. Im christlichen Hause ist die Stellung des Sklaven eine ganz andere geworden«[192].

Luekens Sicht dürfte als Fernwirkung des berühmten, erstmals 1875 erschienenen Philemonkommentars von John Barber Lightfoot anzusprechen sein[193]. Lightfoot steht inmitten der damals das britische Empire durchziehenden Emanzipationsbewegung und beurteilt unseren Phlm als das frühest-greifbare Präludium zu diesen modernen Entwicklungen[194]. Seine historisch wohlbegründete und zugleich kritische Auslegung legt Wert auf drei Feststellungen: Paulus führt Onesimus bei Philemon ein als einen Mann, der in Christus über seinen bisherigen Sklavenstand hinausgewachsen ist; V 16a bezeichnet dieses neue Sein[195]. Typisch für die gesamte urchristliche Haltung zur Sklaverei ist, daß Paulus im Phlm nirgends expressis verbis die Freilassung des Onesimus fordert; das Evangelium zerbricht und überholt die Sklaverei von innen her. Gleichwohl verrät der Gesamttenor des Phlm, daß der Gedanke an eine mögliche Freilassung des Onesimus stets gegenwärtig ist; am stärksten kommt er in V 21 zur Wirkung[196]. – Marvin R. Vincents Kommentar zum Philemon[197]

---

[189] Im zweiten, 1909 erstmalig erschienenen Sammelband seiner »Erläuterungen zum Neuen Testament«, der die Paulusbriefe enthält, betont *A. Schlatter*, das von Paulus durch die Rücksendung des Onesimus ausdrücklich anerkannte Verhältnis von Herr und Sklave werde durch die Liebe durchläutert (a.a.O. 865), und fügt zu V 21 hinzu: »Paulus begehrt nur so für sich selbst einen Vorteil von ihm, daß Onesimus unverkürzt die Wohltat zuteil wird, die der christliche Herr dem christlichen Knecht dann erweist, wenn sie als Brüder miteinander leben« (a.a.O. 866). – Schlatter führt diese Auslegung durch, obwohl er im selben Band schon die dann in seinem großen Korintherkommentar näher ausgeführte Übersetzung und Interpretation von 1 Kor 7,21 verficht: »Wurdest du als Sklave berufen: gräme dich nicht. Wenn du aber auch noch frei werden kannst, so benütze es lieber . . .« (a.a.O. 236).

[190] Die Briefe des Paulus an die Epheser, Kolosser und Philemon, KNT 10, hrsg. v. Th. Zahn, 1905, 282f.287.

[191] SNT 2, ³1917, 335–339.

[192] A.a.O. 339.

[193] Saint Paul's Epistles to the Colossians and to Philemon. Der Kommentar erschien zuerst 1875, wurde im Dezember 1875 und März 1879 neuediert und seither nachgedruckt. Ich zitiere nach dem 11. Nachdruck, London 1904.

[194] A.a.O. 327.

[195] *J. B. Lightfoot* schreibt zu V 16a, a.a.O. 341: ». . . It should be noticed also that the negative is not μηϰέτι, but οὐϰέτι. The negation ist thus wholly independent of ἵνα . . . ἀπέχῃς. It describes not the possible view of Philemon, but the actual state of Onesimus. The ›no more as a slave‹ is an absolute fact, whether Philemon chooses to recognise it or not«.

[196] Zu V 21b, a.a.O. 343: »What was the thought upmost to the Apostle's mind when he penned these words? Did he contemplate the manumission of Onesimus? If so, the restraint which he imposes upon himself is significant. Indeed throughout this epistle the idea would seem to be present to his thoughts, though the word never passes his lips. This reserve ist eminently characteristic of the Gospel. Slavery is never directly attacked as such, but principles are inculcated which must prove fatal to it«.

[197] ICC 11, (1897=) ⁵1955.

liegt trotz einiger kritischer Abstriche an Lightfoot[198] auf seiner Linie, indem auch hier festgehalten wird, daß das Christentum entscheidende Grundsätze zur Verbesserung und schließlich Abschaffung der Sklaverei beigetragen habe und daß Paulus in V 21 in der Tat an eine Freistellung des Onesimus für seine eigenen Zwecke gedacht haben könnte.

Schaut man auf die damit in groben Linien skizzierte Auslegungsgeschichte zurück, ergibt sich eine zweifache Feststellung. Eine bis heute, vor allem in der deutschen Exegese nachwirkende Hauptlinie der kirchlichen Phlm-Rezeption ist ausgebildet worden in den antienthusiastischen, gegen das schwärmerische Mönchtum gerichteten Auseinandersetzungen der Alten Kirche. Diese Linie wurde aufgenommen und bis in die heutige Zeit hinein verlängert durch das Luthertum, nachdem Luther selbst, im Kampf gegen Schwärmer stehend wie Joh. Chrysostomus und Theodor von Mopsvestia auch, deren antiemanzipatorische Linie aufgegriffen und bestärkt hatte. Folgt man dieser Auslegungslinie, fällt das Hauptaugenmerk auf den beispielhaften Einsatz des Apostels für Onesimus, auf dessen innere Wandlung und das inmitten der bestehenden Sozialverhältnisse neu gewordene Verhältnis von Herr und Sklave. Losgelöst von der aktuell-antienthusiastischen Kampfsituation, ist diese Exegese bedacht und geeignet, eine gesellschaftskonforme Haltung von Gemeinde und Kirche zu fördern. – Neben dieser Interpretationsströmung steht eine zweite, die sich teils genauer historischer Überlegungen und teils auch einer geistlichen Durchdringung des Textes verdankt. Hier wird betont, daß die Freilassung des Onesimus zumindest in der Konsequenz der rhetorischen Gedankenführung des Paulus liege. Diese Form der Auslegung sah sich durch die großen sozialen Bewegungen, vor allem die Antisklaverei-Bewegung im 19. Jh., bestätigt. Der Reiz dieser Auslegung liegt darin, daß sie auf die sozialkritischen Implikationen des Evangeliums reflektieren muß, und zwar in Vergangenheit und Gegenwart gleichermaßen. Der Wahrhaftigkeit halber ist hinzuzufügen: Dieser Auslegung wächst durch den faktischen Verlauf der Wirkungsgeschichte unseres Briefes die Aufgabe zu, bei ihrem theologischen Gegenwartsinteresse die Frage mitzubeantworten, wie sich die Kirche vor einem gesellschaftskritischen Enthusiasmus schützen kann, der das Evangelium in eine soziale Emanzipationsbewegung hineinzuschlingen droht. – Das Ergebnis dieser Beobachtung ist, daß heute zweierlei nicht mehr in Frage kommen kann: Ein naives exegetisches Einschwenken auf die eine oder andere Linie, ohne die damit jeweils mitgestellten wirkungsgeschichtlichen Probleme zu reflektieren. Wer heute Luthers Interpretation nach- und mitvollzieht, muß sagen, ob er die dort vollzogene Verhältnisbestimmung von christlicher Freiheit und sozialer Wirklichkeit weiterhin für wegweisend hält, und wer auf die Spur einer schon bei Calvin aufbrechenden, über Joh. Albrecht Bengel ins 19. Jh. zu John B. Lightfoot reichenden Exegese die Freilassung des Onesimus als Tendenz und Konsequenz des Phlm

---

[198] M. R. *Vincent* interpretiert 1 Kor 7,21ff im Sinne des ». . . bleibe lieber dabei« und verwahrt sich a.a.O. 166 gegen *J. B. Lightfoots* entgegengesetzte Auslegung des passus in dessen Phlm-Kommentar 322f.

verficht, muß ebenfalls erörtern, ob die hier leicht mitpostulierte direkte Über-
führung der libertas christiana in soziale Impulse im kirchlichen Gegenwartsinteresse liegt oder nicht. Nachdem es in unserem Brief um eine Frage geht, die
im Interesse und Horizont christlicher Mission zu entscheiden ist, darf die soziale Frage nicht einfach isoliert behandelt werden.

7.   Ausblick

Die beiden von uns nachgezeichneten Auslegungslinien kommen nicht zufällig
oder nur durch bewußte Tendenzdarstellung zustande. Sie entspringen vielmehr der dialektischen Argumentation des Paulus selbst, dem es im Phlm gelingt, Bindung und Freiheit vom Evangelium her gemeinsam zu artikulieren.
Nachdem wir uns den Blick für die theologische Aufgabe der Exegese durch unseren auslegungsgeschichtlichen Durchgang haben schärfen lassen, kehren wir
noch einmal zu Paulus zurück und versuchen, seine Position systematisch zu
durchdringen.

Fragt man zunächst, wie Paulus, der doch die Freistellung des Onesimus für
seine eigenen (Missions-)Pläne wünscht, definitiv doch nur auf die christliche
Wiederaufnahme des Onesimus im Hause des Philemon dringen, es dann aber
diesem überlassen kann, ob er Onesimus als Sklaven behalten oder ihn zu Paulus zurückschicken will, stößt man auf folgende, nicht nur für den Phlm allein
gültige Argumentationsstruktur. Fundament der Äußerungen des Apostels
und des ihn mit Philemon und dessen Hausgemeinde verbindenden Glaubens
ist das Evangelium von der rechtfertigenden, in und durch Christus zu einem
neuen Leben führenden Gnade Gottes. Von diesem Evangelium kommt Paulus
in seinem brieflichen Eingangsgruß her, und auf dieses Evangelium von Gottes
Gnade führt der den Brief abschließende Segenswunsch wieder zurück. Die
Wirklichkeit, die das Evangelium ausmacht, ist die bis zur Selbstaufopferung
des Christus vordringende Liebe Gottes. Solche Liebe ist dementsprechend der
durch Christus frei gesetzte Wille Gottes, zu dessen Erkenntnis und Vollzug
die an Christus Glaubenden aufgerufen und ermächtigt sind. Vom Evangelium
her spricht Paulus also in die ihm entgegentretenden Welt- und Problemver-
hältnisse hinein, vom Evangelium her sollen und können Philemon und die
Seinen zu einem neuen Zusammenleben mit Onesimus finden, und zwar nicht
jenseits von, sondern inmitten der bestehenden Realitäten der Welt. Das Evangelium gibt die Freiheit zu neuer Erkenntnis des Guten, und es mutet gleichzeitig den Christen zu, im Dienste Christi die Chancen der Liebe im jeweiligen
Alltag zu erkennen und zu nützen. Formelhaft ausgedrückt: Vom eschatolo-
gisch-neuen Standpunkt des Evangeliums und der in Christus neu eröffneten,
aber auch zugemuteten Liebe aus wird die alte Welt in Gebrauch genommen,
ohne ihrerseits mehr zwingend vorschreiben zu können, was möglich und was
unmöglich ist[199]. Nur eben: die alte Welt und die bestehenden Verhältnisse

---

[199] Vgl. dazu *W. Schrage*, Barmen II und das   Beobachtungen im Blick auf Barmen II, in:
Neue Testament. Einige neutestamentliche   Zum politischen Auftrag der christlichen Ge-

werden nicht einfach negiert und enthusiastisch übersprungen, sondern sie werden reflektiert in Gebrauch genommen. In unserem Brief äußert sich dieses In-Gebrauch-Nehmen daran, daß Paulus Onesimus zu dem Wagnis veranlaßt, zu seinem alten Herrn zurückzukehren, und daß Paulus selbst in kluger Abwägung aller Möglichkeiten anbietet, für den durch Onesimus angerichteten Schaden Schadenersatz zu leisten; gleichzeitig mutet der Apostel dem Philemon zu, zu prüfen und zu praktizieren, was unter seinen Verhältnissen im Sinne der Liebe ist. Philemon kann Onesimus als Sklaven und Bruder in Christus behalten; er kann aber auch auf sein irdisches Besitzrecht verzichten, um Onesimus für Paulus freizugeben. Wenn wir historisch richtig geurteilt haben, hat Philemon den zweiten Weg gewählt, der deutlich im Interesse des Apostels und des Missionsevangeliums lag, und seine Entscheidung war eine Wahl aus der Bindung und Freiheit heraus, die das Evangelium gewährt.

Nachdem wir im Verlauf unserer Arbeit bereits gesehen haben, daß 1 Kor 7,21 nicht angeführt werden kann, um die antienthusiastische Auslegung unseres Briefes festzumachen, sondern daß das paulinische Votum dort aus derselben Dialektik heraus entworfen ist, die auch unseren Brief prägt[200], können wir uns gleich der zweiten Frage zuwenden, wie sich die tauftheologischen Spitzensätze von Gal 3,27f und 1 Kor 12,13 zu unserem Brief verhalten. Vergleicht man jenes »Nicht mehr Jude noch Grieche, weder Sklave noch Freier usw.« mit der im Phlm greifbar werdenden Wirklichkeit, wird auf jeden Fall eine Spannung sichtbar, die bedacht werden will. In 1 Kor 12,13 und Gal 3,27f geht Paulus von dem sich in der Taufe dokumentierenden Sachverhalt aus, daß die Christen in der Gemeinde und als Gemeinde neu und eins geworden sind. Waren sie bisher in Arm und Reich, Gebildet und Ungebildet, Einheimisch und Fremd, in Mann und Frau, Herren und Sklaven geschieden, so sind sie nunmehr unter dem Anruf der Liebe Gottes in Christus alle gleich geworden und alle unmittelbar und direkt mit der sich z. B. in der gemeinsamen Herrenmahlsfeier äußernden Verkündigung von Gottes Gnade und Recht konfrontiert. Aber auch als neue Schöpfung lebt die Gemeinde noch in einer Welt, die der Parusie und damit dem Triumph der Rechtfertigung der Gottlosen erst noch entgegensieht, d. h. in einer bis ins Dasein der einzelnen Gemeindeglieder hereinreichenden Spannung zwischen Alt und Neu, Gegenwart und Zukunft. Wie soll diese Spannung ausgeglichen und überwunden werden? Paulus antwortet: Indem bis zum Tage der Parusie dem gekreuzigten Herrn gefolgt, das Evangelium bezeugt und der Liebe nachgelebt wird. An unserem Brief illustriert, bedeutet dies folgendes: Philemon ist zwar noch Herr und Besitzer des Onesimus, und doch ist er schon kein Despot mehr, der mit ihm beliebig als mit einer belebten Sache umgehen könnte. Philemon ist vielmehr schon ein Diener des Christus, der mit Onesimus im Zeichen der Christusliebe umgehen soll und mit ihm gemeinsam glaubt, hofft und betet. Auf der Gegenseite ist Onesimus zwar noch

meinde (Barmen II), Votum des Theologischen Ausschusses der Ev. Kirche der Union, hrsg. von A. Burgsmüller, 1974, 127–171, bes. 139ff

und speziell zum Phlm 164ff.
[200] Vgl. oben S. 43ff.

Sklave und nach damaligem Recht Besitztum des Philemon, aber er ist zugleich schon kein Sklave mehr, sondern ein christlicher Bruder, der glaubt und dem Christus dient, wie Philemon auch. In der Begegnung und im Verhältnis zwischen beiden muß nun das »Weder Herr noch Sklave« realiter entschieden und praktiziert werden. Dies kann in der doppelten Weise geschehen, daß sich beide fortan als Herr und Sklave brüderlich respektieren, ihre äußere Bindung also beibehalten, aber vom Glauben her neu gestalten und transzendieren, oder daß Philemon den Onesimus aus seiner irdischen Pflicht entläßt und für Christus und seine Sache freigibt. Vom Phlm aus werden 1 Kor 12,13 und Gal 3,27f also durchaus nicht derart Lügen gestraft, daß man von einer Paulus vorgegebenen und nur kritisch rezipierten enthusiastischen Tradition sprechen müßte[201], sondern sie werden als von Paulus bejahtes Programm einsichtig. Programm insofern, als in ihnen fixiert wird, was den Christen schon gewährt ist, gleichzeitig aber auch von ihnen erst ausgefüllt werden will bis zur wirklichen Erfüllung und Vollendung im neuen Sein der neuen Welt Gottes. Gerade weil die gegenwärtige kirchliche Realität diesen paulinischen Thesen z. T. schmerzlich weit entlaufen ist, verdient es festgehalten zu werden, daß Paulus an beiden Stellen Erfahrungen des Glaubens artikuliert, die als ekklesiales Angebot eines neuen Seins und einer neuen Lebensgemeinschaft im Kreise der Glaubensgenossen einen Teil jener missionarischen Wirksamkeit ausmachten, die damals dem Evangelium Gehör und Zulauf verschaffte. Für Philemon und seine Hausgemeinde boten jene Glaubenssätze die Möglichkeit, zuerst den Wechsel der Beziehungen zwischen Philemon und Onesimus und dann dessen neues Sein als Missionsdiakon des Paulus im Horizont der sie alle verpflichtenden Mission zu begreifen und zu rühmen.

Es verdient historisch und theologisch festgehalten zu werden, daß die damit aufgehellte Position des Paulus in der Sache mit einer schon bei Jesus erkennbaren Haltung übereinstimmt. Auch Jesus hat das Struktur- und Sozialproblem der Sklaverei als solches nicht thematisiert. In seinen Gleichnissen behandelt er das Sklaven- und Herrentum seiner Zeit mitsamt dem in Palästina üblichen Pächterwesen als vorgegebene Realitäten (vgl. nur Lk 17,7–10; Mt 18,23–34; 24,45–51/Lk 12,41–46 usw.). Die Wirklichkeit aber, von der Jesus lebt und für die er bis zu seinem Ende eintritt, ist die Herrschaft Gottes, die sich heute schon als Liebe Gottes zu den Menschen verwirklicht. Geht es um den Erweis dieser Liebe, widmet sich Jesus Sklaven und Freien gleichermaßen (vgl. Mt 8,5–13/Lk 7,1–10 und Joh 4,46b–54; Mk 10,17ff par.). In seinen Tischgemeinschaften, die man als eschatologische Zeichenhandlungen zu verstehen hat, verwirklicht er für seine Jünger und die Deklassierten seiner Zeit im voraus jene neue Gemeinschaft der Gottesherrschaft, deren volle Realisierung erst die im Vaterunser erflehte Zeit des Kommens Gottes bieten wird (vgl. Mt 11,19 mit Mk 14,25 und Mt 8,11). Interessanterweise geht Jesus auch in seiner Jüngerbelehrung schon ganz von der Realität der Liebe, der Stellvertretung und des Dienstes für Gott aus und ruft die Seinen nicht nur in die Nachfolge, sondern zugleich zu ei-

---

[201] Vgl. oben S. 47f.

nem gemeinschaftlichen Verhalten auf, das die üblichen Über- und Unterord-
nungsverhältnisse der damaligen Zeit kontrastiert und hinter sich läßt (vgl.
den in der Exegese stark unterschätzten, aber alle Anzeichen echter Jesusver-
kündigung an sich tragenden Abschnitt Mk 10,41–44). Indem Jesus dann
schließlich das von ihm selbst aufgerichtete Gebot der Feindesliebe (Mt 5,43ff)
bis hin zur eigenen Selbstpreisgabe erfüllt, setzt er jene Stellvertretung und
Versöhnung ins Werk, von der die Urgemeinde ebenso wie Paulus in ihrer
Christusverkündigung als von der die Zeiten wendenden Gottestat ausgehen.
Schon die Jesusjünger sahen sich also einem Angebot und einer ethischen Zu-
mutung gegenüber, die den in den Paulusbriefen erhobenen analog sind.
Gibt man den Phlm so, wie wir es versucht haben, an seine Ursprungsverhält-
nisse zurück, erscheint er heute in seiner dialektischen, vom Evangelium ausgehenden Argumentation auch dann als eine biblische Herausforderung, wenn
man weiß, daß nach fast zweitausend Jahren Christentumsgeschichte eine ein-
fache Kopie der biblischen Position nicht möglich ist. Die entscheidende Frage,
die wir angesichts des Phlm zu bedenken haben, ist die, ob es uns die ernüch-
ternden Erfahrungen jener Christentumsgeschichte nahelegen, die paulinische
Position als eine für enthusiastische Mißdeutungen allzu anfällige zu kritisieren, oder nicht. Tun wir dies, dann müssen wir unseren Brief im Duktus jener
einen großen Linie der Phlm-Interpretation auslegen, die sich von Joh. Chrysostomus und Theodor von Mopsvestia hereinzieht bis in den neuen Phlm-
Kommentar von Eduard Lohse. Halten wir aber dafür, daß gerade in einer ge-
schichtlichen Situation wie der heutigen, wo Kirche und abendländische Gesellschaft sich nach Jahrhunderten gegenseitiger Verschmelzung wieder voneinander zu lösen beginnen, die Rekapitulation der paulinisch-urchristlichen
Thesen neue Wege weisen kann, müssen wir von Jesus und Paulus her jene In-
terpretationslinie und die hinter ihr stehende Glaubenspraxis als einseitig erkennen und kritisieren. Wir können dies freilich nur tun, wenn wir uns gleichzeitig eingestehen, daß uns heute noch weithin jene Gemeinden fehlen, die auf
neue Weise an die urchristliche Praxis anknüpfen könnten, und daß man auch
in der christlichen Ethik noch weit entfernt davon ist, eine Position und Theorie
anbieten zu können, welche eine wirklich durchgreifende und dennoch nüch-
terne, dialektische und wirklichkeitsbewußte Praxis des Evangeliums ermöglicht. Unter diesen Umständen kann unsere Auslegung nur einen theologischen Versuch darstellen, auf exegetische Weise nach einer solchen neuen
Theorie und Gemeindepraxis zu rufen[202].

---

[202] Der in Anm. 199 genannte Sammelband
ist mit seinen verschiedenen Beiträgen, dem
Votum des Theologischen Ausschusses selbst
und seiner Ablehnung durch *Erich Dinkler* ein
Musterbeispiel für die auf der Suche nach einer
neuen Bewältigung der genannten Probleme
erforderliche Auseinandersetzung.

Exkurs: Urchristliche Hausgemeinden

Literatur

1. Zu Phänomen und Bedeutung
F. V. *Filson*, The significance of the early house churches, JBL 58, 1939, 105–112; *J. Hainz*, Ekklesia, Strukturen paulinischer Gemeinde-Theologie und Gemeinde-Ordnung, BU 9, 1972, 203; *F. W. Maier*, Paulus als Kirchengründer u. kirchlicher Organisator, 1961, 27ff; *G. Harder*, Art. Hausgemeinde, BHHW II, 661; *O. Michel*, Art οἶκος etc., ThW V, 122–161, bes. 132f; *M. R. Vincent*, Komm. zum Phlm 193f; *R. Banks*, Paul's Idea of Community. The Early House Churches in their Historical Setting, Exeter, 1980.

2. Zur Archäologie
G. *Dalman*, Arbeit und Sitte in Palästina VII: Das Haus etc., 1942; *E. Dinkler*, Art. Dura-Europos III, RGG³ II, 290–292; *M. Hengel*, Die Synagogeninschrift von Stobi, ZNW 57, 1966, 145–183, bes. 161f.173f; *ders.*, Proseuche und Synagoge, in: Tradition u. Glaube (Festgabe für K. G. Kuhn), 1971, 157–184, bes. 165.180f; *C. H. Kraeling*, The Excavations at Dura-Europos, Final Report VIII, 1: The Synagogue, New York 1956; VIII,2: The Christian Building, New York 1967; *C. Krause*, Art. Haus, Lexikon d. Alten Welt, 1965, 1196–1208 (mit guten Grundrissen); *E. Peterson*, Die geschichtliche Bedeutung der jüdischen Gebetsrichtung, in: Frühkirche, Judentum u. Gnosis (Ges. Aufs.), 1959, 1–14, bes. 1ff; *W. Rordorf*, Was wissen wir über die christlichen Gottesdiensträume der vorkonstantinischen Zeit?, ZNW 55, 1964, 110–128; *W. Schrage*, Art. συναγωγή etc., ThW VII, 798–850, bes. 816ff.

3. Zur Soziologie
K. *Aland*, Die Säuglingstaufe im NT u. in der alten Kirche, ThEx 86, ²1963, 60ff; *G. Delling*, Zur Taufe von ›Häusern‹ im Urchristentum, Studien z.NT u. zum hell. Judentum (Ges. Aufs.), 1970, 288–310; *J. Gaudemet*, Art. Familie I, RAC 7, 286–358; *J. Jeremias*, Die Kindertaufe in den ersten vier Jahrhunderten, 1958, 23ff; *ders.*, Nochmals: Die Anfänge der Kindertaufe, ThEx 101, 1962, 9–27; *A. Strobel*, Säuglings- und Kindertaufe in der ältesten Kirche, in: Begründung u. Gebrauch der hl. Taufe, hrsg. v. O. Perels, 1963, 7–69, bes. 43ff; *ders.*, Der Begriff des Hauses im griechischen und römischen Privatrecht, ZNW 56, 1965, 91–100; *P. Weigandt*, Zur sog. ›Oikosformel‹, Nov Test 6, 1963, 49–74; *H. J. Wolff*, Beiträge zur Rechtsgeschichte Altgriechenlands und des hell.-röm. Ägypten, 1961, 155–242.

4. Zur Religionsgeschichte
H. A. *Hoffner*, Art bajit, ThWAT I, 629–638; *E. Jenni*, Art. bajit, ThHWAT I, 308–313; *K. Latte*, Römische Religionsgeschichte, HAW V 4, 1960, 89ff; *J. H. Moulton – G. Milligan*, The Vocabulary of the Greek Testament V, 441–443; *M. P. Nilsson*, Geschichte der griechischen Religion II, HAW V 2, ²1961, 187ff. 194f. 290ff. 358ff; *A. D. Nock*, Conversion, London 1933, 50ff; *Fr. Preisigke*, Wörterbuch d. griech. Papyrusurkunden II, 155–163; *O. Weinreich*, Stiftung und Kultsatzungen eines Privatheiligtums in Philadelphia in Lydien, SAH phil. hist. Kl. 1919, Abh. 16; *H. W. Wolff*, Anthropologie des Alten Testaments, 1973, 309ff.

1.   Auf das Phänomen christlicher Hausgemeinden stoßen wir im Neuen Testament und im 2./3. Jh. mehrfach. Die Apg berichtet von häuslichen Zusammenkünften und

Mahlgemeinschaften der Christen schon in Jerusalem (vgl. Apg 1,13; 2,46; 5,42; 12,12) und dann in Korinth (Apg 18,7), in Troas (Apg 20,8) und im paulinischen Missionsgebiet überhaupt (Apg 20,20). In den Paulusbriefen ist die »hausweise« zusammenkommende Gemeinde, ἡ κατ᾽ οἶκον ἐκκλησία, ein stehender Ausdruck. Gleich mehrere solche Gemeinden werden für Rom bezeugt (Röm 16,5.14.15). Verweist man Röm 16 nach Ephesus, dann gehören die Hausgemeinde des Asynkritos und seiner Freunde (V 14), der Kreis um Philologus und Julia, Nereus und seine Schwester (V 15) und die Gemeinde von Aquila und Priska (V 5) dorthin. Die Hausgemeinde dieses Ehepaares wird auch 1 Kor 16,19 erwähnt. Nimmt man den Bericht aus Apg 18 hinzu, so ergibt sich das interessante Bild, daß diese Gemeinde nach der Vertreibung der Juden aus Rom im Jahre 49 n. Chr. zunächst in Korinth, z. Z. der Abfassung des 1 Kor dann in Ephesus und später wieder in Rom zusammengekommen ist (Röm 16,5). Nach Laodizea gehört die Gemeinde der Nymphas (Kol 4,15), während wir die Hausgemeinde des Philemon (Phlm 2) in Kolossä zu suchen haben. Für Rom wird die Existenz einer Hausgemeinde auch für das 2. Jh. durch Mart Justin 3,3 bezeugt.

Wenn in PsClem Recg 71,2 legendarisch von einem vornehmen Theophilus berichtet wird, der in Antiochien sein großes Haus der Gemeinde zur Verfügung gestellt und zur Kirche habe weihen lassen, haben wir bereits ein fortgeschrittenes Stadium der Entwicklung vor uns. Die Christen kommen nun nicht mehr nur in bewohnten Privathäusern zusammen, sondern kommen in den Besitz eigener Gemeinderäumlichkeiten. Die berühmten Ausgrabungen eines zur christlichen Hauskirche umgestalteten antiken Hauses mit Innenhof aus Dura-Europos am Mittellauf des Euphrat geben diesem zweiten Stadium beste archäologische Evidenz, und zwar für die Zeit um 232/33 n. Chr. In Ermangelung eigener Baulichkeiten kamen also die ersten Christen schon in Jerusalem wie dann auch in Kleinasien, Griechenland und Rom zunächst in Privathäusern zusammen. Zusammenkünfte in (öffentlichen) Gebäuden wie der Halle des Tyrannus (Apg 19,9) erscheinen demgegenüber als eine Besonderheit.

2. Da die Häuser und Quartiere der einfachen Bevölkerung in der Antike weder geräumig noch komfortabel genug waren, um einen größeren Menschenkreis zu beherbergen, haben wir uns jene Häuser, in denen die christlichen Hausgemeinden zusammenkommen konnten, im Besitz von wohlhabenderen Christen zu denken. Aquila und Priska sind kleinere reisende Unternehmer gewesen (Apg 18,2f); Philemon führt und besitzt ein Haus, hat Sklaven und verfügt über die Mittel, sich gegenüber den Glaubensgenossen wohltätig zu zeigen; Maria, die Mutter des Johannes-Markus, besitzt nach Apg 12,12ff in Jerusalem ein geräumiges Haus mit eigenem Torgebäude. Sie scheint zu dem Kreis jener hellenistischen Juden zu gehören, die sich nach einiger Zeit des Lebens im Ausland schließlich wieder in Jerusalem ankauften; da ihr Sohn nach Kol 4,10 Vetter des Barnabas war, dürfen wir sie derselben aus Zypern kommenden Levitenfamilie zurechnen wie Barnabas auch (Apg 4,36f). Der Stifter der Hauskirche von Antiochien, Theophilos, wird in PsClem Recg 71,2 ausdrücklich als hochgestellte Persönlichkeit eingeführt.

Urchristliche Hausgemeinden konnten also nur entstehen und fortexistieren, weil von Anfang an nicht nur mittellose, sondern auch (relativ) begüterte Männer und Frauen zum christlichen Glauben übertraten.

3. Die Räumlichkeiten, in denen man sich zum Wortgottesdienst, zur Mahlfeier und zur Beratung zusammenfand, waren je nach Bauart der Häuser verschieden groß. Das in

Apg 1,13 und 20,8 erwähnte ὑπερῷον, d. h. das mit Fenstern versehene, im zweiten oder auch dritten Stock gelegene Obergemach, war im Orient der luftigste und am besten ausgestattete Raum des Hauses (vgl. dazu auch Mk 14,15). Ein wo auch immer im römischen Stil erbautes Haus mit Atrium und evtl. noch zusätzlichem Peristylhof bot kleinere und größere Versammlungsräume genug. Der Hauptversammlungsraum der Hauskirche in Dura-Europos mißt ca. 5 mal 13 m und ist vom Innenhof aus zugänglich (Grundriß in RGG[3] II, Tafel 10 nach Sp. 288). Mehr als vierzig Erwachsene wird er nicht gefaßt haben. Man darf sich demnach auch die Anzahl der zu einer Hausgemeinde gehörigen Christen nicht zu hoch vorstellen. Sie wird zwischen ca. zehn und höchstens vierzig Personen gelegen haben.

4.   Es verdient besondere Beachtung, daß die Christen weder die ersten noch einzigen waren, die sich in religiösen Hausgemeinden zusammenfanden.
Bedenkt man, daß für Griechen und Römer das Wohnhaus von je her nicht nur Lebensraum, sondern auch Stätte des den Hausgöttern gewidmeten Hauskultes war, verwundert es nicht, wenn wir zunächst auf heidnischem Boden Analogien zu den frühchristlichen Hausgemeinden antreffen. Hierfür nur zwei Beispiele. In Philadelphia in Lydien wurde in der ersten Hälfte des 1. Jh.s v. Chr. von einem gewissen Dionysios ein Hauskult gestiftet. Der Kultgemeinschaft gehörten freie Männer und Frauen, aber auch Sklaven an. Sie besaß einen eigenen οἶκος, d. h. ein zum Kultraum ausgestattetes Versammlungshaus, und verpflichtete die Kultgenossen auf eine moralisch hochstehende Satzung, die sich mit der Ethik des Diasporajudentums und des späteren Christentums gleich eng berührt. – In Familienvereinen feierte man teilweise auch die Mysterien des Dionysos. Einen interessanten Beleg dafür bietet der Mysterienverein der Pompeja Agripinilla in Rom. Der Mann dieser aus Mytilene stammenden vornehmen Römerin, M. Gavius Squilla Gallicanus, war um 165 n. Chr. Prokonsul in der römischen Provinz Asia gewesen, und seine Frau hatte wahrscheinlich dort die Dionysosmysterien kennengelernt. Nach ihrer Rückkehr nach Rom bildete sie jedenfalls aus ihrer Familie und den Angehörigen ihres Hauses einen eigenen Mysterienverband, in dem sie selbst als Priesterin fungierte. – Beide Beispiele zeigen, wie leicht man in der damaligen Umwelt christliche Hausgemeinden als religiöse Vereine auffassen und gelten lassen konnte.
Sehr viel enger und direkter sind jedoch die Verbindungslinien zwischen den christlichen Hausgemeinden und der Synagoge. Vor allem in der Diaspora sind die ältesten Synagogen Haussynagogen gewesen. Sie wurden durch den Umbau von Privathäusern gewonnen und begegnen uns schon im 1. Jh. v. Chr. in Delos und dann in christlicher Zeit im makedonischen Stobi ebenso wie in Dura-Europos oder auch in Tunesien. Haussynagogen waren also ausgesprochen verbreitet. Das Beispiel von Stobi zeigt, daß es sich dabei nicht nur um Gebäudekomplexe handelte, die ausschließlich für Gemeindezwecke dienten, sondern durchaus auch um Räume in Häusern, die weiterhin als Wohnhaus dienten: Der Stifter der Synagoge von Stobi, Polymarchos, hat sich und seinen Erben ausdrücklich das Wohnrecht im Obergeschoß der Haussynagoge auf unbegrenzte Zeit gesichert. Der Betsaal der in Dura-Europos ausgegrabenen Haussynagoge ist in seiner Größe von etwa 13 mal 7 m dem Versammlungsraum in der dortigen Hauskirche genau vergleichbar. Hauskirche und Haussynagoge lagen in Dura knapp 100 m voneinander entfernt in derselben Straße hinter der Stadtmauer.
Bedenkt man, daß das Missionschristentum in seinem Kern aus der Synagoge und dem um sie versammelten Kreis der sog. Gottesfürchtigen herauswuchs, drängt sich die

These auf, daß die jüdischen Haussynagogen das eigentliche Vorbild für die neu entstehenden christlichen Hausgemeinden gewesen sind. Die Berichte der Apg über die Bildung christlicher Hausgemeinschaften zuerst in Jerusalem (Apg 2,46; 5,42; 12,12) und dann als Tochter- und Kontrastbildungen zur Synagoge z. B. in Philippi (Apg 16,13–15. 30–34) oder in Korinth (Apg 18,1–8) illustrieren und bestätigen diese Sicht.

5. Die soziologische Zusammensetzung der Hausgemeinden war variabel. Nach der in Kol 3,18–4,1 erstmalig christlich in Erscheinung tretenden Haustafel-Tradition gehörten zur Hausgemeinde Frauen und Männer, Eltern und Kinder, Freie und Unfreie. Der Phlm bestätigt dieses Bild insofern, als hier ausdrücklich der Hausherr, seine Frau, eine Anzahl von befreundeten und bekannten Mitchristen und schließlich der Sklave Onesimus als Glieder einer Hausgemeinde genannt werden. Das Beispiel des umherreisenden Ehepaares Aquila und Priska zeigt, daß christliche Hausgemeinden in fremden Städten auch von Zugereisten zusammen mit ihren Berufs- und Gesinnungsfreunden begründet werden konnten, und Mart Justin 3,3 ergänzt diese Einsicht dahingehend, daß sich zureisende Christen ihrerseits bestehenden Hausgemeinden anschließen konnten und dort auch Aufnahme fanden. Wenn Plinius d. J. in seinem Brief an Trajan aus Bithynien (Kleinasien) berichtet, es stünden viele Christen »jeden Alters, jeden Standes, auch beiderlei Geschlechts« vor Gericht, und zwar aus Stadt und Land (Lib Ep X, 96,9), bestätigt sich das gewonnene soziologische Bild genau.

Auch die Bezeichnung ἡ κατ᾽ οἶκον ἐκκλησία führt auf eine variable Zusammensetzung der Hausgemeinde. οἶκος kann von der klassischen Graezität an bis hinein in die Papyri gleichzeitig für die Groß- und Kleinfamilie, das Hauswesen und das Wohngebäude eintreten und überschneidet sich im Bedeutungsgehalt mit οἰκία, das zunächst das Wohngebäude, dann aber auch das Hauswesen und die Familie bezeichnet. Der Zusammenhang der Texte entscheidet, wer alles zum Haus hinzuzurechnen ist. Wie die Definitionen des Aristoteles, Pol 1252b,9ff und 1253b,1ff zeigen, gehören zum οἶκος bzw. zur οἰκία der Hausherr mit seiner (rechtmäßigen) Gattin, die Kinder und die Sklaven; diese aber nur als κτῆμά τι ἔμψυχον, d. h. als lebendige Besitzstücke (1253b, 32). Zu einem solchen Hauswesen sind dann noch die dem Familienoberhaupt unterstehenden unmündigen Verwandten hinzuzurechnen und nach Xenophon, Oec I 5ff u. U. auch noch der Gesamtbesitz der Familie in Stadt und Land. Sieht man diese Vielschichtigkeit, versteht man, warum z. B. in Papyrusbriefen immer wieder anders von einem οἶκος gesprochen werden kann. In den dortigen Grußformeln können z. B. gegrüßt werden: Der Hausherr und sein Haus, d. h. die Familie (Pap Oxy X 1299, 15 u. ö.); der Hausherr, seine Gattin mit den Kindern und das Haus, d. h. in diesem Fall die noch zum Hausstand gehörigen (freien und unfreien) Personen (Pap Hamb 54, II, 13f u. a.); oder auch die Kinder als Haus (Pap Genev I,54,29). οἶκος steht also immer wieder für andere Personengruppen.

Im Alten Testament bezieht sich bajit = Haus, Sippe, Familie soziologisch auf den Hausherrn, seine Frau(en), seine Kinder, seine von ihm abhängigen Verwandten und Klienten, seine Sklaven und Sklavinnen und seinen Besitz (Ex 20,10). Als Übersetzungsausdrücke treten in der Septuaginta für bajit vor allem οἶκος und weniger häufig auch οἰκία ein, doch ist gerade soziologisch zwischen beiden schwer oder gar nicht zu unterscheiden. In dem berühmten Satz Jos 24,15: »Ich und mein Haus, wir wollen Jahwe dienen«, übersetzt z. B. A das hebräische beti mit ὁ οἶκός μου und B mit ἡ οἰκία μου. Soziologisch kann unter οἶκος begriffen werden: Frauen, Kinder und Sklaven gleichzeitig (z. B. Gen 36,6); Frauen und Kinder (1 Sam 1,21f vgl. V 4); Sklaven (Gen

17,27 vgl. V 12f); Verwandte (Gen 50,8) usw. Auch von der alttestamentlich-biblischen Tradition her ist οἶκος also nicht eindeutig festgelegt; es bezeichnet unterschiedliche Personengruppen, die zu einem semitischen Hauswesen gehören können.

Kommen wir zum Neuen Testament, so stoßen wir auch hier wieder auf einen variablen Sprachgebrauch, der nicht alttestamentlich oder griechisch allein, sondern gleichzeitig von beiden Überlieferungen her geprägt und auch juristisch nicht fixiert ist. οἶκος und οἰκία überschneiden sich in ihrer Bedeutung sowohl in den Synoptikern (vgl. Mk 3,24f par) als auch bei Paulus (vgl. 1 Kor 1,16 mit 16,15) und sonst im Neuen Testament (vgl. Joh 4,53 mit Apg 10,2; 11,14 u. a.). Es kann darum nur vom Kontext her entschieden werden, wer zum οἶκος (zur οἰκία) zu rechnen ist und wer nicht. Im Haus des Kornelius (Apg 10,2) sind nach V 7 wahrscheinlich Sklaven tätig gewesen; der Erzähler spricht aber in V 24 nur von der Verwandtschaft und den nächsten Freunden, richtet also das Augenmerk auch nur auf diesen Kreis von Erwachsenen. Lukas sagt nicht, wer alles zum Haus der Purpurhändlerin Lydia gehört hat (Apg 16,15), und von Kindern ist weder hier noch in Apg 10 die Rede. Nach 1 Kor 16,15–17 und den hier erwähnten Diensten kann man annehmen, daß im Haus des von Paulus getauften Stephanas (1 Kor 1,16) Sklaven waren; auf ihnen ruht aber auch hier, anders als in Joh 4,51.53, nicht der Blick.

Eine »hausweise« (κατ᾽ οἶκον) zusammenkommende Gemeinde kann also je nach den örtlichen und familiären Gegebenheiten aus den verschiedensten Personengruppen bestehen, ohne daß jeweils alle die in Kol 3,18ff aufgezählten »Stände« vertreten sein mußten. Sicher ist nur, daß die Hausgemeinden für Christen jeglichen Standes und jeglicher Herkunft offen waren.

6.   Die Bedeutung der frühchristlichen Hausgemeinden sollte nicht unterschätzt werden. Paulus hat selbst in Hausgemeinden gelebt, gelehrt und solche begründet. Für ihn war nicht nur die Großgemeinde, sondern auch die Hausgemeinde der Ort, wo die in der Antike besonders gravierenden soziologischen und ethnisch-religiösen Barrieren zwischen Juden und Heiden, Freien und Unfreien, Männern und Frauen, Hoch und Niedrig, Gebildet und Ungebildet zerbrochen und vergleichgültigt wurden zugunsten und von der einen neuen Bindung aller an Christus als den Herrn (Gal 3,27; 1 Kor 1,26ff; 12,12f). Gerade auch die Hausgemeinden waren dementsprechend die Stätten, wo man über der gemeinsamen Feier des Herrenmahls zu dem einen, pluriformen Leib Christi zusammenwuchs, zur Gemeinschaft der Versöhnten. Wo dies gelang, da konnte man ohne weltfremden Enthusiasmus wirklich von der Gemeinde als der »neuen Schöpfung«, d. h. dem Vorzeichen der neuen Welt Gottes, und von der Verpflichtung und Realität eines neuen Lebens sprechen (Gal 6,15f; Röm 6,4). In ihrer missionarischen Wirkung sind gerade die Hausgemeinden deshalb bedeutungsvoll gewesen, weil sie über die reine Wortverkündigung hinaus für Personen aller Schichten einen Lebensraum in Gemeinschaft und Freiheit anboten, welcher das Missionschristentum inmitten der zahlreichen religiösen Vereine, der popularphilosophischen Predigt und der Anziehungskraft der Synagogen gerade auch als religiöse Gemeinschaftsbewegung konkurrenzfähig machte.

Hinzuzufügen ist, daß rechtlich und organisatorisch das Christentum in der römischen Welt des 1. Jh.s gerade in Form der Hausgemeinden sehr gut Fuß fassen konnte. Eine christliche Hausgemeinde konnte überall zusammenkommen, wo wenigstens ein privater Raum vorhanden war, in dem alle Mitglieder Platz fanden; besonderer kultischer Bauten bedurfte man anfangs nicht. In der Nachbarschaft der Synagogen konnten christliche Hausgemeinden um so leichter und länger als im Grunde noch jüdische

Gruppierungen gelten und so an den Privilegien der Juden im römischen Kaiserreich partizipieren, als die Synagogen ihrerseits die Form der Hausgemeinde hatten und sich beiderorts gebürtige Juden und gottesfürchtige Heiden zu den Versammlungen einfanden. Aber auch dort, wo man sich dann als eigenständige Christengemeinde zu halten und zu bewähren hatte, war es für eine Hausgemeinde verhältnismäßig leicht möglich, die Duldung oder Lizenz als religiöser Verein zu erwirken. Erst als Trajan auch die religiösen Kollegien verbot (vgl. Plinius, Lib Ep X, 96,7), wie Caesar zuvor die politischen Vereine, wurde dies schwieriger, doch ist es möglich, daß das Trajansche Verbot nur für den Bereich Bithyniens galt.

Die ur- und frühchristlichen Hausgemeinden stellen also in der Ursprunggeschichte des Christentums ein missionarisch, theologisch und organisatorisch wichtiges Element dar, und die Kirche der Gegenwart tut gut daran, sich in ihrer Mission und ihrer in der Lebensdimension oft sehr verarmten Verkündigung an Gestalt und Wirkung jener κατ᾽ οἴκους ἐκκλησίαι zu erinnern.